AF391549

COLLECTION H. HOFFMANN

TROISIÈME PARTIE

ANTIQUITÉS ÉGYPTIENNES

Le Catalogue se trouve à :

Paris. . . . . Chez M. H. Hoffmann, *11, rue Benouville.*

Londres . . . Chez M. B. Quaritch, *15, Piccadilly.*

CATALOGUE

DES

ANTIQUITÉS ÉGYPTIENNES

RÉDIGÉ PAR

GEORGES LEGRAIN

OBJETS EN OR ET EN ARGENT, BRONZES, PIERRES, IVOIRES, BOIS SCULPTÉS,

TERRES CUITES ET TERRES ÉMAILLÉES, VERRES, TISSUS ETC.

PARIS

1894

Les amateurs d'antiquités suivent tous la même
voie. A leurs débuts, ils ne recherchent que les
chefs-d'œuvre de l'art romain et de l'art grec, persuadés
qu'à côté de ces ouvrages admirables il n'y a rien qui
puisse les séduire. Mais avec les années le goût s'affine
et se porte insensiblement vers l'art égyptien. L'Égypte,
si elle avait su rompre avec la tradition, qui l'enchaînait
à des règles surannées, serait supérieure à la Grèce.
On regarde avec un plaisir infini ses figurines, si vivantes
sous leur raideur obligée, d'une expression si simple
et si chaste, d'une perfection de main-d'œuvre qui ne
sera plus atteinte.

Cette collection a été formée au moment des grandes
trouvailles qui se faisaient en Égypte dans ces dernières
années ; en même temps, elle s'est accrue à toutes les
ventes publiques d'antiquités égyptiennes, et enrichie
de très belles sculptures en pierre, dont M. Gréau
a bien voulu se dessaisir. Elle est devenue ainsi ce
qu'elle devait être dans le principe : un choix d'objets

de toute nature, mais d'objets intéressants pour l'art et la science. Beaucoup d'entre eux sont incontestablement de premier ordre.

Ce volume restera pour M. Hoffmann un souvenir de ses efforts. C'est le troisième des catalogues de sa collection. En multipliant les planches et les vignettes, et en reproduisant les textes hiéroglyphiques en lettres hiéroglyphiques, il a fait pour l'Égypte ce que, jusqu'ici, on n'avait accordé qu'à l'archéologie grecque.

La liste suivante indique la provenance de quelques-uns des objets principaux.

N° 5	Bas-relief avec signature d'artiste.	Collection Stier.
» 37	Groupe de l'Ancien Empire.	Collection Stier.
» 38	Adorant en calcaire peint.	Collection Stier.
» 39	Statue naophore en granit.	Vente Sabatier.
» 41	Statuette en basalte.	Collection Gréau.
» 44	Esclave agenouillé, en basalte.	Vente Sabatier.
» 45	Buste de jeune homme, en granit.	Vente Sabatier.
» 59	Vase de Xerxès.	Envoyé d'Alep.
» 64	Masque de sarcophage en basalte.	Collection Gréau. — Vente du Prince Napoléon-Jérôme.
» 66	Stèle funéraire.	Collection Gréau.
» 95	Crocodile en granit, avec inscription.	Collection Stier.

N° 97	Stèle funéraire d'Alexandrie.	Collection Gréau.
» 141	Nofir-Toumou sur un lion.	Vente Sabatier.
» 280	Tête de lion en bois sculpté.	Rapportée d'Égypte par le comte Léon de Laborde. — Vente His de la Salle.
» 292	Vase en bois sculpté.	Collection Stier.
» 333	Figurine en or.	Vente Al. Castellani.
» 335	Roi faisant une offrande, fig. en argent.	Vente du baron Menascé.
» 337	Nofir-Toumou en argent.	Vente du baron Menascé.
» 339	Horus en argent.	Collection Stier.
» 347	Horus en bronze.	Vente Joly de Bammeville.
» 352	Isis allaitant Horus, bronze.	Vente Sabatier.
» 356	Tête d'Isis en bronze.	Vente Posno.
» 370	Kabhsonouf à tête d'épervier, bronze.	Vente Posno.
» 371	Ptah en bronze doré.	Vente Sabatier.
» 396	Khnoum en bronze.	Vente Sabatier.
» 400	Nit assise, bronze.	Vente du baron Menascé.
» 406	Naos en bronze.	Vente du baron Menascé.
» 410	Sphinx en bronze plaqué d'or.	Vente Posno.
» 412	Masque de bélier, bronze.	Vente Posno.
» 430	Roi adorant, bronze.	Vente Sabatier.
» 438	Isis en bronze.	Vente Fournier.
» 443	Dieu panthée en bronze.	Vente Fournier.
» 473	Harpocrate, statuette en bronze.	Vente Piot.
» 503	Jeune fille, terre cuite.	Vente Fournier.
» 504	Femme drapée, terre cuite.	Vente Fournier.
» 511	Femme drapée, terre cuite.	Vente Fournier.

Paris, octobre 1894.

RÉSUMÉ

PIERRES DURES ET CALCAIRES.

I.

LES DIEUX ET LES DÉESSES.

1 — Osiris debout. Le dieu est barbu, coiffé de l'atef. Il a la poitrine
couverte d'un triple collier et tient le pedum et le flagellum.

> Les pieds sont brisés. — Schiste. Traces de dorure. — H 0,225.

2 — Osiris sous sa forme de 𓊽 *tat,* pourvu de deux bras tenant le pedum et le flagellum.

> Marbre vert, veiné de noir et de rouge. — H 0,095.

3 — Isis vue de profil. La déesse porte la coiffure 𓄹 ornée du vautour. Elle est parée d'un collier et vêtue d'une robe collante
tombant aux chevilles.

Isis tient un sceptre à fleur de lotus dans la main gauche et
le signe ☥ *ankh* de la droite.

Bas-relief. Points de repère aux angles.

Planche I.

> Calcaire très fin. — H 0,285; L 0,135.

4 — Tête d'Isis coiffée du claft orné de l'uræus et surmonté des cornes
et du disque.

Schiste. Traces de dorure. — H 0,085.

5 — Tête d'Isis regardant à droite. La déesse est coiffée du claft orné
d'une tête de vautour et porte un collier.

Une inscription grecque de six lignes a été tracée devant
cette figure.

ΑΠΟΛΛΩ
ΝΙΟC ΑΝΕΘΗ
ΚΕΝ ΙCΙΟC ΠΡ[Ο]
CΩΠΟΝ
ΑΠΟΛΛΩΝΙΟΥ
Η ΕΙΚΩΝ

«Apollonios a consacré le portrait d'Isis. L'image (est faite)
par Apollonios.» [1]
Planche II.

Bas-relief. Calcaire blanc. — H 0,21.

6 — Isis allaitant Horus. La déesse est coiffée du claft avec uræus,
surmonté de la couronne d'uræus, des cornes et du disque
(brisé latéralement).

Isis porte la main gauche à son sein droit.

Basalte noir. — H 0,16. — Socle de jaune de Sienne.

7 — Horus sur les crocodiles. Le jeune dieu est debout, entièrement
nu. Il est coiffé du serre-tête orné de l'uræus et porte la tresse
juvénile.

---

[1] Nous devons cette lecture à l'obligeance de M. Fröhner. On peut remarquer deux
choses au sujet de cette inscription : nous voyons tout d'abord un Grec, tout au moins de
nom, exécuter un bas-relief purement égyptien ; en outre, rappelons qu'on a considéré
souvent ces monuments comme «modèles de sculpture»; nous voyons par ce texte qu'ils
pouvaient aussi servir d'ex-voto.

Les pieds d'Horus sont posés sur le museau de deux crocodiles qui tournent la tête tandis qu'il retient de ses mains deux serpents, deux scorpions, un lion et une gazelle.

La tête de Bisou est au sommet de la pierre, au-dessus d'Horus.

Des inscriptions hiéroglyphiques couvrent la face, les tranches et le revers de ce joli monument. Elles reproduisent une des invocations de la stèle de Metternich.[1]

Calcaire. — H 0,145.

8 — Horus sur les crocodiles. Cette scène est figurée dans le renfoncement d'une porte égyptienne (au linteau supérieur orné d'une rangée d'uræus) flanquée de deux colonnes lotiformes.

A la partie supérieure plane le disque ailé. Puis trois rangs de gravures s'étagent au-dessus du sujet central montrant:

1º Un cynocéphale adoré par deux personnages; à droite et à gauche, deux crocodiles montés sur des naos.

2º Deux crocodiles juchés sur des socles et adossés; deux scorpions.

3º Set (?), deux éperviers coiffés du pschent et quatre scarabées.

Face postérieure: Le disque ailé au dessus de deux registres de figures:

1ᵉʳ registre: Un scarabée, un personnage, un serpent, un scarabée, deux scorpions, un personnage, un scarabée.

2ᵉ registre: Deux crocodiles montés sur des naos. A droite et à gauche, un scarabée.

Une inscription de 28 lignes horizontales est gravée sous ces tableaux.

---

[1] Cf. CHABAS, P. PIERRET dans la *Zeitschrift für ägyptische Sprache*. 1868. — MARIETTE, *Monuments divers*. — GOLENISCHEFF, *La stèle de Metternich*.

Elle commence par la formule ordinaire: «Salut à toi, dieu fils de dieu, chair fils de chair, taureau fils de taureau . . . etc.» *Planche* III.

Basalte. — H 0,13.

9 — Horus hiéracocéphale debout, en marche.

Lapis lazuli. — H 0,04.

10 — Bisou debout, les jambes fléchissantes, les mains posées sur le bas-ventre; une peau de félin couvre la partie inférieure du dos.

Cette statuette est forée intérieurement et a servi de pot à fard ou à antimoine.

Pierre noire. — H 0,105.

11 — Ptah debout, mumiforme, tenant le sceptre *ouas*.

Le cartouche (⸺) est gravé au dos de cette statuette.

Prime d'émeraude. — H 0,09.

12 — Touéris. La déesse à corps d'hippopotame et à mamelles pendantes est debout, marchant. Elle est coiffée du claft et parée d'un collier.

Bon travail.

La main gauche et les jambes sont brisées. — Calcaire jaunâtre. — H 0,11.

13 — Nit, coiffée de la couronne rouge.

Fragment de statuette adossée à un pilier.

Le haut de la poitrine est recouvert d'un triple collier et la robe soutenue par deux bretelles couvrant à demi les seins.

Le haut de la couronne, les bras et le corps à partir des hanches sont brisés. — Le nez est mutilé. — Basalte vert. – H 0,11.

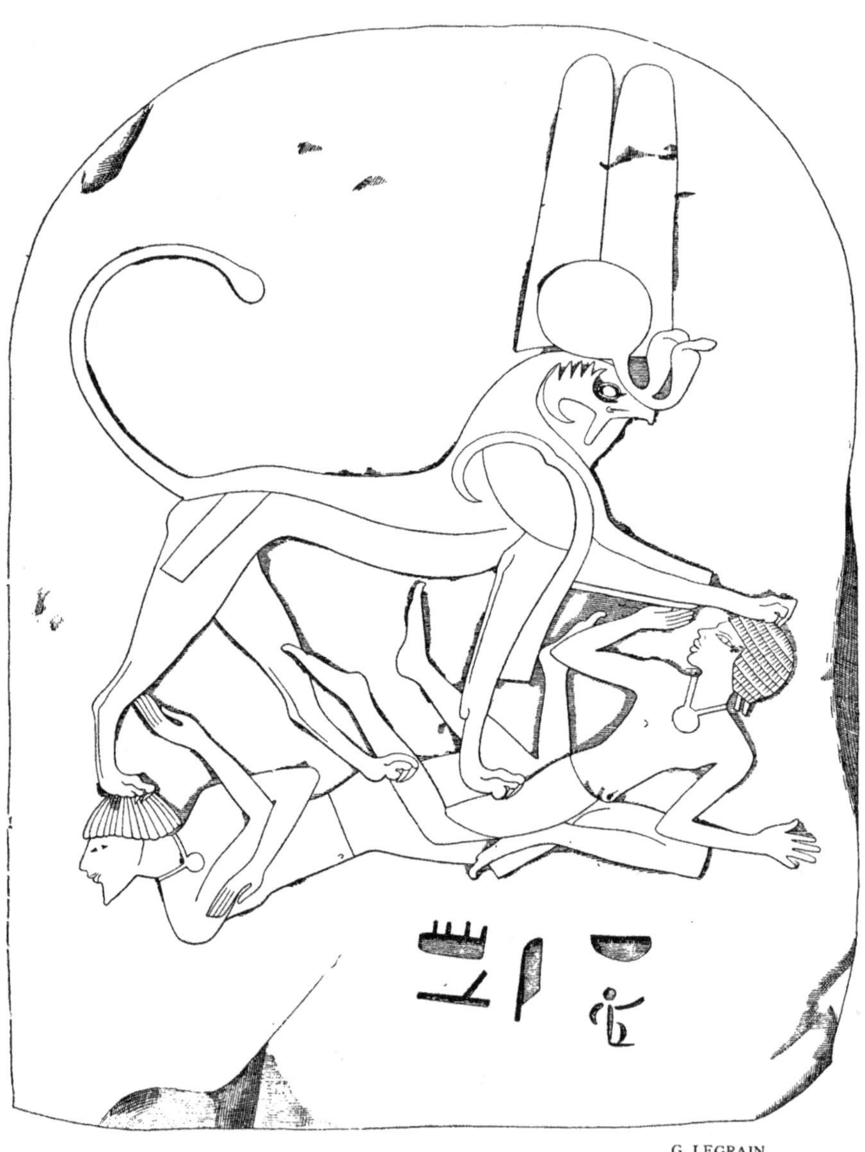

N° 14.

G. LEGRAIN.

14 — Amon terrassant des ennemis. Le dieu thébain est représenté
sous la forme d'un sphinx hiéracocéphale, marchant à grands
pas vers la droite.

Il a déjà mis à mal un Asiatique jeté à terre et étend une
de ses pattes sur un nègre qui lève les bras avec terreur.

Amon a la tête surmontée des deux plumes droites et du
disque orné de deux uræus.

En dessous de cette scène est l'inscription : [hieroglyphs] (*sic*).
«Mon maître Amon.»

Cette jolie stèle est arrondie par en haut.

Le dessin est d'une grande pureté, la composition très
mouvementée et habilement exécutée. Le relief est fort bas.[1]

Voir la vignette, p. 5.

Traces de couleur rouge. — Calcaire blanc très fin. — H 0,18.

15 — Tête d'Amon ou d'un jeune roi portant la couronne rouge (dont
la partie supérieure serait brisée).

Les yeux sont petits, la paupière supérieure renflée, le nez
fin, la bouche un peu grande, les lèvres épaisses. Les oreilles
sont grandes, longues, le lobe inférieur saillant.

L'ovale du visage est large, le profil bien accentué.

Ce personnage porte la barbe, brisée à sa partie inférieure.
Planche IV.

Granit gris. — H 0,17.

16 — Amon, Maout et Khonsou, triade de Thèbes.

Les trois dieux sont vus de face, en haut-relief.

Chacun d'eux porte les insignes ordinaires: Amon, le bonnet
évasé surmonté des plumes et du disque solaire, Maout, le
claft surmonté du pschent. (Elle appuie sa main droite sur
l'épaule d'Amon.)

---

[1] Une stèle semblable a été reproduite sans le texte par M. LANZONE dans son
Diᶎionario di mitologia egiᶎia. M. LANZONE avait vu ce monument à Thèbes.

Khonsou est mumiforme et porte la barbe et la tresse juvénile; il est coiffé du serre-tête surmonté du croissant et du disque lunaires. Khonsou tient le sceptre ⎮ *ouas,* Amon et Maout le signe *ankh* ☥.

Planche III.

Basalte vert. Socle de marbre. — H 0,17.

17 — Khonsou. Tête d'une statuette. Le dieu est coiffé du serre-tête et porte la tresse juvénile. Il était barbu.

Cette tête est surmontée du disque et du croissant lunaires.

Pierre de touche. — H. 0,075.

II.

LES ANIMAUX.

18 —   . «Apis-Osiris.» Fragment de stèle intaillée provenant du Sérapéum.

Le taureau sacré de Memphis marche vers la droite. Il a la tête surmontée du disque orné de l'uræus et porte sur son corps les taches noires consacrées que nous décrit Hérodote.

Voir la vignette.

N° 18.

Calcaire blanc. — Long. 0,09; H 0,06.

19 — Hippopotame. L'artiste a étudié avec beaucoup de soin l'animal qu'il avait à reproduire et l'a exécuté avec succès.
Voir la vignette.

N° 19.

Basalte noir. — H 0,06.

20 — Museau de bélier. Très jolie pièce ayant fait partie d'une statue criocéphale de Khnoumou ou d'Amon.
Le trou d'insertion de la barbe postiche est indiqué.
Voir la vignette.

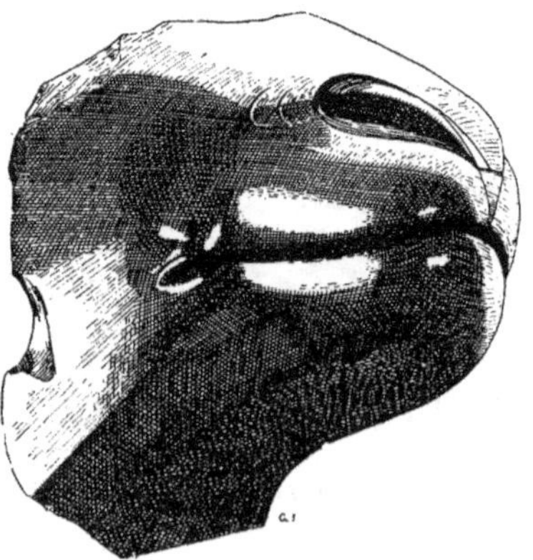

N° 20.

Jaspe rouge. — H 0,075.

2

21 — Cynocéphale accroupi sur un petit édicule en forme de fer à cheval. Cette statuette nous montre l'animal de Thoti assis, les mains posées sur les genoux. Un riche collier recouvre sa poitrine et un large pectoral (où est gravée la barque solaire) pend de son cou par deux attaches.

Deux inscriptions affrontées se lisent sur l'édicule.

Au centre : [hiéroglyphes].

A gauche : [hiéroglyphes] «Présentation de la table d'offrandes à (Thoti). Il donne une heureuse durée au scribe de la maison d'Amon, Aouf-n-amon, juste de voix».

A droite : [hiéroglyphes] «Présentation de la table d'offrandes à Thoti, seigneur d'Hermopolis. Il donne vie, santé et force au scribe de la maison d'Amon, Aouf-n-amon».[1]

Les insignes qui surmontaient la tête de ce cynocéphale ont disparu.

Basalte noir. — H 0,145.

22 — Cynocéphale accroupi, les mains posées sur les genoux.

Basalte noir. — H 0,055.

23 — [hiéroglyphes]. Statuette de chat, portant la dédicace suivante gravée sous la base : «Le serviteur de Bastit, Psammetik-senb fils de Hor-si-isi».

Belle pièce. La tête est brisée.

Lapis lazuli. — H 0,035.

24 — Partie antérieure et tête de lion. Ce signe hiéroglyphique, [hiéroglyphe] *ha*, est gravé en relief. En dessous se lit le signe [hiéroglyphe] *meh*.

---

[1] Un [hiéroglyphes] est cité dans le papyrus Abbott, pl. VIII, 2, 19.

Bas-relief de beau style.
Planche V.

Calcaire. — H 0,13.

25 — Aigle regardant à droite.
Beau bas-relief. Points de repère aux angles.

Calcaire très fin. — Long. 0,10.

26 — Chouettes et oies. Pierre gravée sur ses deux faces. Sur l'une sont deux oies marchant à droite, sur l'autre deux chouettes allant de même.
Cette pièce (ainsi que les deux précédentes et le n° 43) a servi d'essai à un graveur d'hiéroglyphes en relief.
Planche V.

Calcaire fin. — H 0,17; Larg. 0,105.

27 — Bélier marchant. Belle pièce finement exécutée.
Voir la vignette.

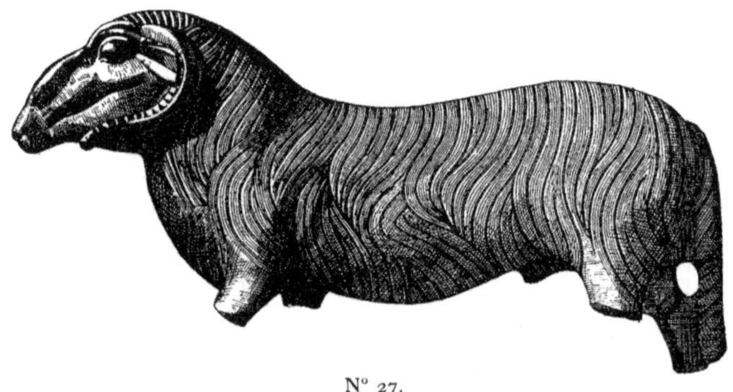

N° 27.

Stéatite. — Long. 0,10.

28 — Scarabée. Le plan inférieur a la forme de l'hiéroglyphe ♡ du cœur et porte gravé le texte du chapitre LXIV du Livre des morts relatif à cet organe.

2*

Cette formule n'est pas précédée de la ligne nominative ordinaire.

Granit verdâtre. — H 0,08.

29 — Scarabée portant un fragment du chapitre du cœur gravé sous le plan inférieur.

Racine d'émeraude. — Long. 0,04.

30 — Scarabée travaillé avec beaucoup de soin et de goût, mais sans inscription sous la base. Trou transversal entre la première et la seconde paire de pattes.
Très belle pièce.
Voir la vignette.

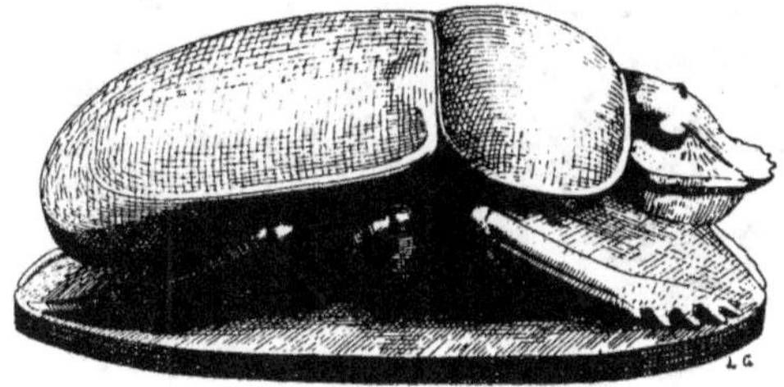

N° 30.

Lapis lazuli. — Larg. 0,09.

31 — Scarabée sans inscription.

Basalte vert. — Traces de dorure. — Long. 0,04.

32 — Scarabée sans inscription.
Travail très fin.

Pierre verte. — Long. 0,035.

33 — Scarabée portant l'inscription du chapitre du cœur gravée sous le plan inférieur.

Cette pièce a appartenu au 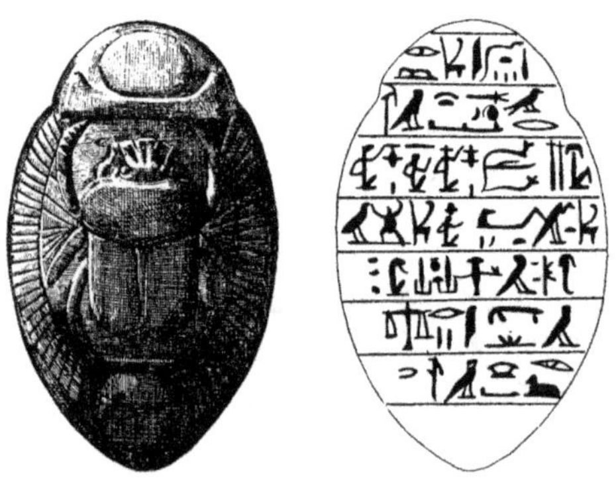 «fondeur Aoui».

Basalte vert. — H 0,05.

34 — Amulette affectant la forme d'une olive et percé d'un trou horizontal à sa partie supérieure.

Un scarabée aux yeux d'or, aux ailes étendues, se détache sur l'une des faces. Il tient le signe du soleil à l'horizon sur ses pattes antérieures et celui du cœur dans les postérieures.

Un fragment du chapitre LXIV a été gravé à l'autre face.

Cet amulette a appartenu au «grand docteur Kha-m-ouas».

Voir la vignette.

N° 34.

Prime d'émeraude. — H 0,055.

35 — Pièce d'un moule ayant servi à estamper des figurines d'oiseau *bahou.*

Calcaire blanc. — H 0,06; Long. 0,10.

36 — Moule à deux pièces pour estamper des oiseaux *bahou.*
Les points de repère sont indiqués par des traits noirs.

Calcaire. Pièce carrée. — H 0,13.

III.

MONUMENTS CIVILS ET HISTORIQUES.

37 — Groupe de deux hommes debout, accolés à un plan vertical postérieur.

Cette belle pièce de l'art de l'Ancien empire nous présente probablement un père et son fils, si nous en jugeons d'après la taille exigüe du personnage de gauche. Tous deux portent la perruque courte à petites boucles, la shenti et le pectoral.

Le visage est rond, un peu plein, la physionomie expressive et remplie de vie.

Le détail des muscles du bras est rendu avec beaucoup d'exactitude.

Ce beau monument a été entièrement peint : les chairs en rouge clair, la perruque, les sourcils et les yeux en noir, la shenti et le collier en blanc.

Planche VI.

Calcaire peint. — H 0,62.

38 — Adorant debout, levant les mains, la paume en dehors.

Ce personnage porte une perruque tressée, séparée par une raie au sommet de la tête et retombant sur les épaules. Il est vêtu du grand costume de cérémonie de la xviiie et xixe dynastie.

Sur le tablier proéminent : «Tout ce qui apparaît sur l'autel du maître de l'Éternité (sera) pour le double du porte-chasse-mouches *Mabhoui*, véridique».

Très belle statuette d'un art avancé, d'un modelé souple et savant.

Les yeux sont rehaussés de noir, les lèvres de rouge.

Planche VII.

Brisures : la main droite, une partie de la hanche gauche, etc. — Calcaire. — H 0,28.

39 — Statue naophore. Un homme portant la coiffure saïte, vêtu de la shenti, est à genoux. Il tient devant lui un naos renfermant l'image d'Osiris.

Des inscriptions hiéroglyphiques couvrent cette statue.

Sur le naos, à droite : [hiéroglyphes] «Le féal d'Osiris, le dieu grand qui réside dans le Sérapéum,[1] le grand-prêtre de Saïs P-oun-ha-f, fils du grand-prêtre de Saïs Hor-si-isi».

A gauche : [hiéroglyphes] *(sic)* «Le féal d'Osiris, le dieu grand au cœur de Saïs, le grand-prêtre de Saïs P-oun-ha-f, fils de la dame Ta-tebhou-n-nit».

Sur la face latérale gauche : [hiéroglyphes] *(sic)* «Son fils de flanc, grand-prêtre de Saïs, Oudja-Hor-meh-n-ra, fils de la dame Khet.....-n-nit-aqer».

Sur la face latérale droite : [hiéroglyphes] «Le fils de son fils, qu'il aime, le grand-prêtre de Saïs, Hor-si-isi, fils de la dame Khonsou-khet(?)-n-nit-aqer».

Au dos : [hiéroglyphes] «Pré-

___
[1] Voir J. DE ROUGÉ, *Géographie ancienne de la Basse-Égypte,* p. 26.

sentation de la table d'offrandes à Osiris qui réside dans le Sérapéum. Il donne les aliments funéraires, bœufs, oies et toutes choses, bonnes, pures et agréables au double de l'Osiris, le féal, le grand-prêtre de Saïs, ... P-oun-hat-f, juste de voix, fils de même qualité (que son père), Hor-si-n-isi, fils de la dame Ta-tebhou-n-nit».

Style saïte.

Planche VIII.

Granit gris-brun. — H 0,48.

40 — Tête et torse d'une statuette de style saïte. La tête est jolie et coiffée d'une perruque, le torse bien modelé.

Les bras et les jambes sont brisés.

Une inscription de deux lignes verticales est gravée au dos:

Voir la vignette, p. 17.

Basalte gris. — H 0,30.

41 — Personnage debout, marchant les bras pendants.

Il porte la shenti et est coiffé d'une perruque ronde.

La musculature est un peu sèche, mais la clavicule, les muscles de l'avant-bras et des jambes sont étudiés avec soin et rendus avec exactitude.

Cette statue s'appuie à une masse verticale, sur le plan postérieur de laquelle est gravée l'inscription suivante : «Le prêtre de Ptah, chef de la garde-robe, prophète de Sokari-Ptah, grand-prêtre de Saïs, prophète de Our-toui (le Nil), prophète d'Amon de Héliopolis».

Planche IX.

Basalte noir. — H 0,30.

N° 40.

42 — Tête et torse d'un homme portant la coiffure ronde.
La main gauche est ramenée sur la poitrine.

Basalte noir. Socle de velours rouge. — H 0,155.

43 — Jeune roi (peut-être Ramsès II) vu de profil et coiffé du serre-
tête avec uræus. Une étoffe pend de la coiffure dans le cou.
La mèche juvénile est à droite.

Ébauche de bas-relief. Les points de repère indiquant la
hauteur primitive de la pierre existent encore dans les angles.[1]
Planche V.

Calcaire très fin. — H 0,155, larg. 0,125.

44 — Esclave agenouillé et tenant un vase devant lui.

Ce personnage a la tête recouverte d'une chevelure crépue
se réunissant en une tresse unique qui retombe dans le dos.
Il est vêtu de la shenti.

Voir la vignette, p. 19.

Basalte brun. — H 0,155.

45 — Buste d'un personnage coiffé du claft (sans uræus) et barbu.
La tête est jeune, l'ovale remarquable, le profil très fin.
Les yeux sont un peu bridés, la bouche sourit gracieuse-
ment.
Les oreilles, fort grandes, débordent du claft.
Planche X.

Restaurations au claft, à la barbe et au torse. — Granit. Beau socle
de jaune de Sienne. — H 0,30.

46 — Tête d'un homme au crâne rasé, aux yeux un peu saillants, au
nez droit.

La statue entière était adossée à un pilier dont il reste un
morceau.

[1] Voir les nos 24, 25, 26.

N° 44.

On y voit gravé un personnage levant la main droite pour adorer Ra-Hor-Khuti.

Basalte noir. Socle de velours rouge. — H 0,11.

47 — Personnage anonyme, debout, les bras pendants. Cet homme porte une chevelure retombant sur les épaules et coupée

3*

carrément à son extrémité. Il est vêtu d'une longue robe qui se noue sous le sein.

XII⁰ dynastie.

Planche VIII.

Granit noir. — H 0,50.

48 — Tête d'un homme dont le crâne est entièrement rasé.

Modelé très fin. Époque saïte.

Restaurations au nez, aux oreilles. Cette tête est posée sur un torse d'époque postérieure.

Planche XI.

Basalte vert. — H tot. 0,29.

49 — Roi portant la couronne blanche et vêtu de la shenti à laquelle s'ajoute un jupon transparent.

Le Pharaon tient une lance dans la main gauche et lève la droite pour adorer.

Bas-relief gravé en creux sur un petit parallélépipède.

Basalte noir. — H 0,065.

50 — Tête et torse d'une femme coiffée du claft, mais ne portant pas d'insignes particuliers.

Albâtre. — H 0,19.

51 — Tête d'un personnage portant la coiffure ronde.

Calcaire. — H 0,075.

52 — [hieroglyphes] «Le chef qui porte le collier de l'abeille, l'ami unique, l'officiant, le féal, Biou (?)».

Inscription horizontale gravée sur un tronc de cône renversé,

Voir la vignette, p. 21.

Cristal. — H 0,05.

53 — Amulette en forme de pyramide tronquée. Des images sont gravées en creux sur les quatre faces : 1º un lézard, 2º le dieu Canope sur un socle, 3º un poisson, 4º un scorpion.

Planche III.

Basalte noir. — H 0,055.

Nº 52.

54 — Amulette parallélépipédique rectangle avec anneau à la partie supérieure.

Les quatre côtés sont gravés. On voit: 1º Un roi coiffé du pschent et tenant un sceptre fleuri. 2º Un sphinx hiéracocéphale assis. Dans le fond, un palmier. 3º Un scorpion. 4º Un sphinx hiéracocéphale (?) ailé dont la tête est surmontée du disque solaire. Enfin une antilope (?), allant vers la droite, est gravée sous la base. Des palmiers sont au fond, derrière l'animal.

Planche III.

Basalte. — H 0,052.

55 — Amulette parallélépipédique avec anneau au haut.

Les quatre côtés sont gravés et présentent: 1º Un roi coiffé du pschent et tenant un sceptre. 2º Fruste. 3º Un lion rugis-

sant allant vers la droite. 4° Un sphinx ailé, la tête surmontée du disque solaire. Une antilope est gravée sous la base.
Planche III.

Basalte. — H 0,055.

56 — Joli vase de forme allongée s'élargissant à la base. Oreillettes à droite et à gauche.
La perforation de ce vase est remarquable.

Albâtre rubané. — H 0,28.

57 — Vase à panse renflée, à fond plat, à bords moulurés. Un couvercle circulaire bouche ce vase dont la perforation et la facture sont intéressantes.

Albâtre rubané. Monté sur un trépied de style japonais, en bronze doré. — H 0,18.

58 — «Le premier prophète d'Amon-Ra, Smendès [fils] du maître des deux terres Amon-mer-ouasarkon». xxII° dynastie.
Inscription gravée sur une perle.

Lapis lazuli. — Diam. 0,013.

59 — Vase de Xerxès le grand roi. La panse de ce vase est chargée de trois lignes d'écriture cunéiforme et d'une ligne verticale d'hiéroglyphes.
Voir la vignette, p. 23.

Ces textes différents reproduisent en persan, en médo-scythique, en assyrien et en égyptien le nom de «Xerxès le grand roi».
Monument très rare et d'une conservation parfaite.
Planche XII.

Albâtre rubané. — Haut. 0,24.

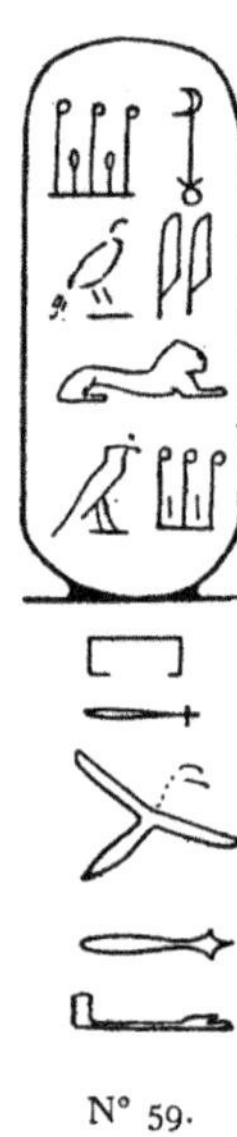

N° 59.

60 — Pion de jeu de dames.

Albâtre. — H 0,03.

61 — Coupe hémisphérique, restaurée sur un côté.

Albâtre rubané blanc et rouge. — Diam. 0,11. H 0,05.

62 — Bague à cachet ovale gravé. On a représenté l'épervier sacré posé sur le signe *noub* . En dessous est le signe *neb*.

Pierre verte. — H 0,028.

IV.

MONUMENTS FUNÉRAIRES.

64 — Tête de sarcophage. Le masque seul reste.

Les yeux sont grands, le nez écrasé, la bouche petite.

Trouvée dans les fouilles de Mariette à Saqqarah. — Ancienne collection du Prince Napoléon.

Planche XIII.

Basalte noir. — H 0,42.

65 — Stèle cintrée par le haut. «Osiris, maître des siècles, prince éternel, dieu grand», reçoit les offrandes de deux personnages : un prêtre et un enfant.

Osiris est assis, tenant le pedum et le flagellum. Il est coiffé de l'atef. Une table chargée d'offrandes est devant lui. Un prêtre, tête rase, vêtu de la peau de panthère, verse la libation tandis qu'il tient le brûle-parfums de la main gauche.

C'est le prêtre d'Amon, Pi-aa-nofré. Il est suivi d'un petit garçon qui tient une fleur de lotus. Une cassure a fait disparaître son nom.

Ces deux personnages célèbrent une cérémonie commémorative. Car c'est

---

[1] La stèle porte le signe au lieu de . Peut-être faudrait-il voir dans ce groupe avec l'indication d'une fonction commémorative accomplie par Pi-aa-nofré.

N° 65.

«La grande fête de la maison des siècles (la tombe) du préposé au trésor Maai».

Le même honneur est rendu, dans le second registre, à la
[hiéroglyphes] dame Tiaa, assise sur un siége à pieds de lion,
vêtue d'une robe transparente et à manches. La tête est surmontée du cône ⌂.

Elle respire une fleur de lotus en même temps qu'elle étend
la main gauche vers une table d'offrandes. De nouveaux
présents sont apportés par le [hiéroglyphes]
«sotem-ash (serviteur) Madjaroaa» vêtu d'une longue shenti.
Une jeune femme est derrière lui et apporte un bouquet de
fleurs.

C'est la [hiéroglyphes] dame Ta-maout. Elle est suivie de
[hiéroglyphes] sa fille Onkh.

Voir la vignette, p. 25.

Calcaire blanc. Socle de velours rouge. — H 0,57, larg. 0,38.

66 — Stèle funéraire. Le disque ailé accolé de deux uræus étend ses
ailes dans le cintre.

Le tableau représente un personnage vêtu de la shenti
longue, coiffé du serre-tête surmonté d'une sorte de modius,
adorant Osiris, Isis et Nephtys et leur présentant une table
d'offrandes.

«Osiris qui réside dans l'Amenti, dieu grand, seigneur d'Abydos, protége l'Osiris [hiéroglyphes] Hor-n, fils de Ka-nofré.»

Les robes des déesses sont peintes en rouge; Isis est appelée
la grande, la divine mère.

Au dessous de ce tableau, l'inscription suivante est gravée
en cinq lignes horizontales:

«Présentation de la table d'offrandes à Osiris qui réside
dans l'Amenti, dieu grand, maître d'Abydos; à Sokar-Osiris,
au cœur d'Apou (Panopolis); à Minou, seigneur d'Apou; à
Horus vengeur de son père; à Isis la grande, la mère du dieu,
au cœur d'Apou; à Ra-Hor-Atoumou, maître des deux terres
et de On (Héliopolis); à Ptah-Sokar-Osiris, au cœur du sarco-

phage; à Anubis seigneur de To-sar. Ils donnent[1] les aliments funéraires, la bière,[2] les bœufs, les oies, l'encens, les onguents, les tissus, toutes choses bonnes, pures et agréables, dont fait don le ciel, que crée la terre, qu'amène le fleuve de sa retraite cachée, la douceur des souffles agréables du Nord à l'ombre (Ka) de l'Osiris Hor-n-t-nib-pe-noutir, juste de voix, fils de Ka-nofré, enfanté par la dame Isi-reshit. »

Stèle curieuse et bien gravée.

Planche XIV.

Calcaire blanc très fin. — H 0,46.

67 — Table d'offrandes de Aouou, portant sept excavations à sa partie inférieure. Ces excavations hémisphériques étaient destinées à recevoir des huiles et des résines de diverses natures. Les noms de ces ingrédiens sont indiqués à leur place.

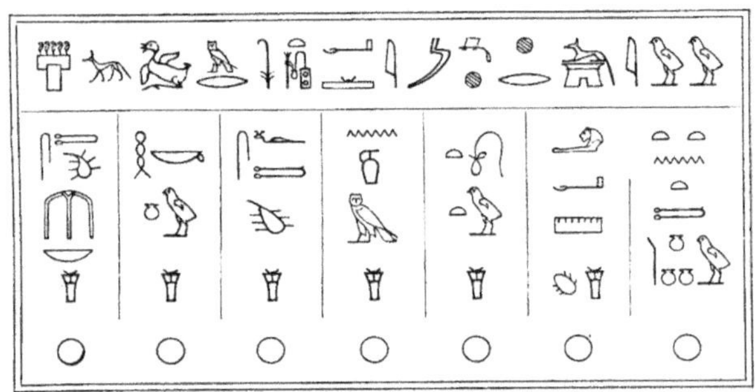

Albâtre. — H 0,085, larg. 0,175.

68 — Canope surmonté de la tête d'Hapi. Cinq lignes verticales d'hiéroglyphes sont peintes en noir sur la panse.

---

[1] Le texte porte ⌓ au lieu de ﹏.

[2] ⌓§ au lieu de §⌓.

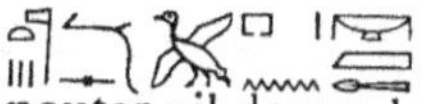

«Dit Hapi, le dieu grand, maître du Kher-nouter : il donne les aliments funéraires, la bière, les parfums, les onctions à l'Osiris aimant Dieu, grand-prêtre d'Amon, faiseur de libations pour Khonsou dans le lieu *beben* Dje(t)-Thot-a(uf)-ankh, juste de voix, fils du prophète d'Amon-Ra, roi des dieux Nes-pa-pa-n-noub, juste de voix».

Calcaire. — H 0,48.

69 — Tête de canope.

Albâtre. — H 0,15.

70 — Tête de canope.

Albâtre. — H 0,17.

71 —  . Vase canope placé sous la protection du génie funé-raire à tête humaine Amsit.

Le nom de ce dieu est écrit comme plus haut sur la tête du vase.

Inscription de quatre lignes verticales sur la panse.

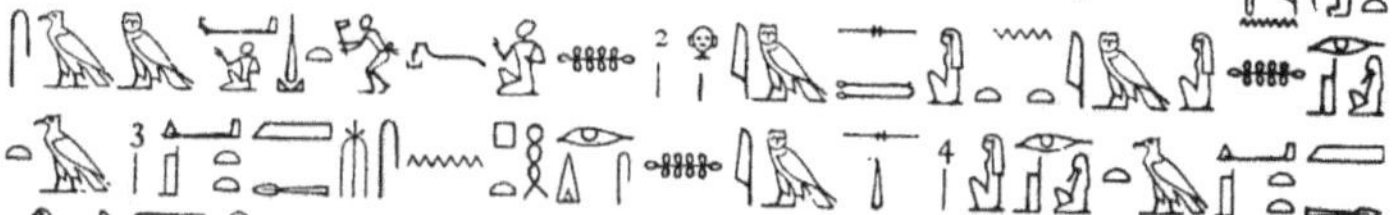

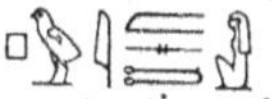

«Dit Isis : Je dompte les méchants, j'exerce la protection *(sa)* envers l'Amsit qui est en moi. Protégée (est) l'Osirienne Ta-ti-isit, véridique, enfantée par Ptah-iritis, pro-tégé (est) Amsit. Amsit, c'est l'Osirienne Ta-ti-isit.»

Planche XV.

Albâtre rubané. — H 0,43.

72 —  . Vase canope placé sous la protection du génie funéraire cynocéphale Hapi.

Le nom de ce dieu est écrit comme plus haut sur la tête du vase.

Inscription de quatre lignes verticales sur la panse. 

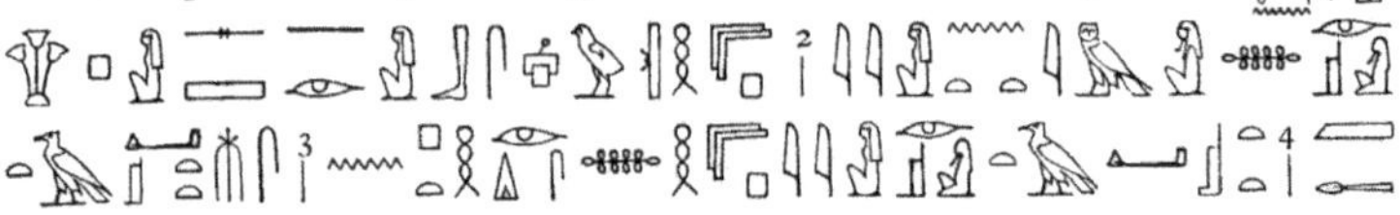

 «Dit Nephtys : Je cache le mystère, je protége par derrière l'Hapi qui est en moi. Protégée (est) l'Osirienne etc.».

Planche XV.

Albâtre rubané. — H 0,40.

73 — . Vase canope placé sous la protection du génie funéraire à tête de chacal, Tioumaoutf.

Le nom de ce dieu est écrit comme ci-dessus sur la tête du vase.

Inscription de quatre lignes allant de gauche à droite.

 «Dit Nit : Je fais le matin et la nuit chaque jour pour prendre la défense de Tioumaoutf etc.».

Planche XV.

Albâtre rubané. — H 0,41.

74 — 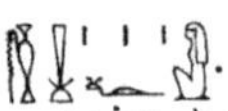. Vase canope placé sous la protection du génie funéraire à tête d'épervier Kabhsonouf.

Le nom de ce dieu est écrit comme ci-dessus sur la tête du vase.

Inscription de quatre lignes allant de gauche à droite.

 «Dit Selkit : A ton double! Je

fais circuler ma protection chaque jour pour prendre la dé-
fense du Kabhsonouf qui est en moi etc.».
Planche XV.

Albâtre rubané. — H 0,40.

75 — Amsit, génie funéraire à tête humaine.
Couvercle de vase canope.

Albâtre rubané. — H 0,15.

76 — Vase de canope. Sur la panse est une représentation peinte au
trait.

Un personnage vêtu de la shenti longue et proéminente, la
tête coiffée d'une perruque ornée d'une fleur de lotus adore
Osiris.

C'est, nous dit l'inscription : [hiéroglyphes]
«Le scribe royal des mercenaires du maître des deux terres,
Amon-mès».

Quatre lignes d'hiéroglyphes, contenant un discours d'Osiris, maître des siècles, régent éternel, sont entre le personnage
et le dieu. Mais elles sont trop peu lisibles pour être traduites
entièrement.

Osiris est debout, mummiforme, coiffé de l'atef et tenant
le pedum et le flagellum.
Voir la vignette, p. 31.

Albâtre rubané. — H 0,30.

77 — Kabhsonouf. Tête de canope hiéracocéphale.

Granit noir. — H 0,15.

78 — Anonyme. Statuette funéraire *(Oushebti)* d'un personnage coiffé
de la perruque cannelée et portant comme insignes le [hiéroglyphe] *ankh*,
le [hiéroglyphe] *tat* et le sac de semences.

Cette statuette ayant été faite à l'avance, le graveur, tout en inscrivant le Chapitre VI du Livre des Morts a réservé la place où le nom du défunt devait être inscrit.

Basalte vert. — H 0,15.

N° 76.

79 — Petit sarcophage votif au nom du scribe Meri-Meri. Ce sarcophage est creusé à l'intérieur et renferme une petite statuette funéraire (avec le) en albâtre au nom du même personnage.

Voir la vignette, p. 32.

Calcaire. — H 0,12.

80 — Statuette funéraire au nom d'Amenhotpou. Chapitre VI du Livre des Morts gravé en sept lignes horizontales.

Amenhotpou tient un hoyau et un sac de semences dans chaque main.

Belle pièce, finement exécutée.

Basalte noir. — H 0,20.

81 —

Statuette funéraire finement gravée.

Albâtre. — H 0,13.

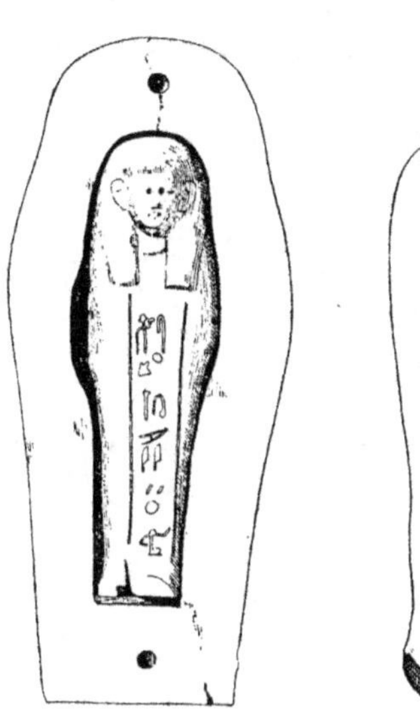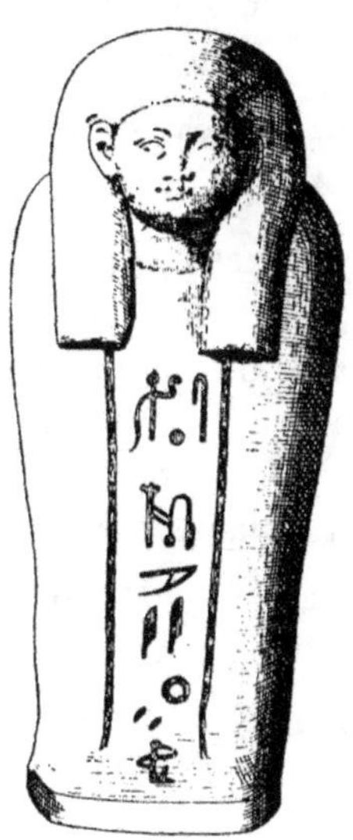

N° 79.

82 —

Statuette funéraire portant le nom du contrôleur des officiants *(Kher-hib)* Ka-her».[1]

La variante de ce nom est :

Chapitre VI gravé en six lignes horizontales.

Les mains sont croisées sur la poitrine, mais ne tiennent aucun instrument aratoire. Les yeux ont été peints en noir, le claft en bleu.

Jolie pièce.

Calcaire jaunâtre. — H 0,27.

[1] Le texte porte bien ⸢...⸣ et non ⸢...⸣.

83 — Anonyme. Statuette funéraire sur laquelle on a gravé le Chapitre vi en réservant le nom de l'acquéreur futur.

Calcaire blanc. — H 0,22.

84 — Fragment de statuette funéraire sans inscriptions. Le défunt porte un pectoral et tient les signes ☥ et ▯ dans ses mains.

Basalte noir. — H 0,20.

85 — [hiéroglyphes]. Statuette funéraire entièrement peinte, au nom de l'Osiris serviteur de la nécropole, Anoui, juste de voix.

Six lignes d'inscriptions horizontales. Fragment du Chapitre vi.

Cette statuette est peinte avec beaucoup de soin.

Calcaire. — H 0,21.

86 — [hiéroglyphes]. Statuette funéraire d'un nommé Peh, portant une inscription de six lignes horizontales contenant un fragment du Chapitre vi.

Le signe [hiéroglyphe] est tracé cursivement.

Jolie pièce.

Basalte. — H 0,14.

87 — [hiéroglyphes]. Statuette funéraire du scribe du territoire sacerdotal (*nouterhotep*) du fils de Ramsès, Mesou.[1]

Mesou porte la coiffure cannelée.

L'âme à tête humaine étend ses ailes sur la poitrine du défunt.

Cette statuette a été peinte.

Voir la vignette, p. 34.

Calcaire tendre. — H 0,16.

[1] Cf. Maspero, *Les momies royales de Deir el-Bahari.*

88 —

Statuette funéraire au nom de la dame Noubit-hosou, juste de voix.

Inscription de cinq lignes contenant le commencement du Chapitre VI avec cette variante : etc.

N° 87.

Le texte est gravé en creux, excepté le nom de Noubit-hosou qui a été tracé à l'encre.

La figure est peinte, le claft est bleu.

Pièce curieuse.

Calcaire peint. — H 0,24.

89 —

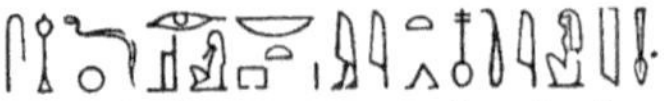

Jolie statuette funéraire de la dame Eit-nofri-ta.

Sept lignes d'hiéroglyphes, rehaussés de noir, sont gravées horizontalement.

Elles contiennent un fragment du Chapitre VI du Livre des Morts.

Les interlignes sont en rouge, la figure et les mains rouges et les yeux bordés de noir. Un collier pare la poitrine. Le claft est peint en bleu, les hoyaux en rouge et le sac de semences en jaune.

Calcaire. — H 0,26.

90 — Anonyme. Statuette funéraire d'un personnage dont le nom a été supprimé par un grattage à l'époque antique.

Le défunt porte les insignes ordinaires : claft rayé, collier, les deux hoyaux et le sac de semences porté sur les deux épaules.

Chapitre VI du Livre des Morts gravé en huit lignes horizontales.

Prime d'émeraude. — H 0,13.

V.

MONUMENTS ÉGYPTIENS DES ÉPOQUES GRECQUE ET ROMAINE.

91 — Isis, torse. La déesse est debout, marchant; les bras pendent.
Elle est vêtue d'une tunique à manches courtes, recouverte du
manteau macédonien qui monte jusqu'en dessous des seins,
passe sur l'épaule droite et vient se nouer sur la poitrine par
un nœud de forme spéciale.

Isis tient un sistre de la main gauche.
Planche XVI.

Granit. — H 0,57.

92 — Jupiter Sérapis, buste. Le dieu, barbu et chevelu, a la tête surmontée du modius orné de branches de laurier. Une tunique
à larges plis couvre sa poitrine.

Basalte noir. Socle de stuc. — H 0,18.

93 — Anubis debout, nu, les jambes fléchissantes, soutenu par une
tige de palmier.

Le dieu à tête de chien porte sur son dos un objet de forme
carrée, foré dans son milieu, qui est retenu par une corde
passant au cou. Un seau est dans la main gauche.

Anubis est vêtu d'une très courte chemisette à manches.
École romano-égyptienne.
Voir la vignette, p. 37.

Albâtre. — H 0,15.

94 — Artemis gréco-égyptienne, buste. La jeune déesse tourne la
tête vers la gauche; sa chevelure, retenue par une bandelette,

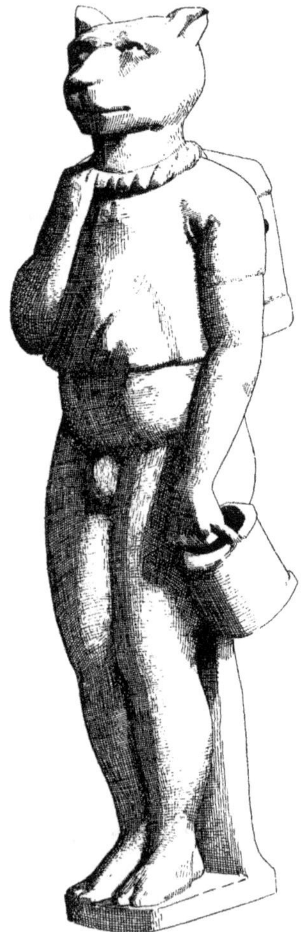

N° 93.

est bouclée et retombe en longs rouleaux sur les épaules. Elle
est vêtue d'une tunique qui se noue entre les deux seins par
un nœud particulier.

Les insignes qui surmontaient la tête ont disparu.

Brisure au nez. — Basalte vert. Socle de jaune de Sienne. — H 0,12.

95 — Crocodile. Monument votif. Des inscriptions grecques très intéressantes sont gravées sur trois côtés de la base.

A gauche :

L K͞Γ ΦΑΡΜΟΥΘΙ Ι͞Β ΥΠΕΡ ΒΑΣΙΛΕΩΣ ΜΕΓΑΛΟΥ
ΠΤΟΛΕΜΑΙΟΥ ΘΕΟΥ ΝΕΟΥ ΔΙΟΝΥΣΟΥ

Devant :

ΠΕΤΕΣΟΥΧΟΝ
ΘΕΟΝ ΜΕΓΑΝ

A droite :

ΤΟΝ ΕΠ ΑΥΤΟΥ ΦΑΝΕΝΤΑ ΠΑΥΝΙ Ι͞Η ΒΑ(sic)L
ΑΠΟΛΛΩΝΙΟΣ ΑΠΟΛΛΩΝΙΟΥ ΤΑΛΕΣΩΣ

L'an 23, le 12 Pharmouthi, pour (le salut) *du grand roi Ptolémée, dieu, nouveau Dionysos, Apollonios* (fils) *d'Apollonios de Taleso* (a consacré) *Petesouchos le grand dieu, qui a paru sous son règne, le 18 Payni l'an 21 de son règne.*[1]

Planche XVII.

Granit gris. — Long. 0,53.

96 — Apis en marche allant vers un bassin supporté par une colonne à chapiteau lotiforme.

Apis a la tête surmontée d'un disque dans lequel se dresse un uræus ; sur le corps sont indiquées les marques consacrées.

Cette pièce, égyptienne quant aux détails, est d'un art où l'on sent l'influence directe des Grecs.

Base rectangulaire.

Bas-relief découpé.

Restaurations au museau et aux pattes. — Calcaire rouge. — H 0,26.

97 — Stèle funéraire d'Alexandrie. Un personnage barbu, vêtu d'une tunique et d'un manteau est assis sur un tabouret recouvert

---

[1] Cf. Ulrich Wilcken, *Der Labyrintherbauer Petesuchos. Zeitschrift für ägyptische Sprache,* 1884, p. 137.

d'un coussin. Il regarde vers la droite, la main gauche tenant un bâton, la droite appuyée sur le genou.

Les pieds reposent sur un tabouret.

Au dessus de cette représentation sont gravés deux signes hiéroglyphiques : à droite un ibis dont la tête est brisée, à gauche la partie inférieure d'une chouette ou d'un aigle.

Planche XVIII.

Calcaire. — H 0,38, larg. 0,215.

98 — Tête de faune aux cheveux bouclés, portant une barbe légère et les favoris.

Une bandelette serre la chevelure, les oreilles sont pointues et tendent en avant à la partie supérieure.

Cette tête qui sourit franchement est remarquable par le modelé savant et la vérité du rendu.

Le côté gauche de la figure a souffert. — Basalte vert. — H 0,13.

99 — Isis égyptienne debout, la tête surmontée de l'hiéroglyphe de son nom.

Lapis-lazuli. — H 0,05.

100 — Osselet orné de bas-reliefs sur les faces latérales : à droite, un éphèbe debout, près d'une colonne, à gauche, sujet indéterminé, peut-être un dauphin.

Stéatite. — Long. 0,03.

TERRES ÉMAILLÉES.

I.

LES DIEUX ET LES DÉESSES.

101 — Shou soulevant le disque.

Le dieu s'appuie à terre sur le genou gauche.

Il étend ses bras latéralement, les relevant à angle droit.

Shou est barbu, coiffé du claft et vêtu de la shenti. Le disque est au dessus de la tête.

Planche XIX.

Émail vert clair. — H 0,07.

102 — Shou soulevant le disque.

Pièce semblable à la précédente et finement travaillée.

L'uræus orne le claft du dieu.

Émail vert. — H 0,045.

103 — Shou soulevant le disque.

Pièce semblable aux deux précédentes.

Émail gris. — H 0,04.

104 — Toumou debout, marchant.

De son bras gauche, ramené devant lui, le dieu tient le sceptre *ouas* ⎰.

Toumou est barbu, coiffé du claft surmonté du pschent, et vêtu de la shenti.

Planche XX.

Très jolie pièce. Émail bleu. — H 0,045.

105 — Isis allaitant Horus. La déesse est coiffée du claft orné de l'uræus et surmonté du signe 𓊨, hiéroglyphe de son nom.

Isis est assise sur un siège cubique au dos duquel est gravé le signe .

Très jolie pièce intacte. Émail vert et brun. — H 0,125.

106 — Isis allaitant Horus. La déesse est coiffée du claft surmonté de la couronne d'uræus, des cornes et du disque.

Émail bleu. — H 0,11.

107 — Isis allaitant Horus. La déesse est assise sur un siège cubique orné d'écailles sur les côtés. Elle est coiffée du claft surmonté du signe 𓊨.

Horus porte le serre-tête et la mèche juvénile.

Planche XIX.

Pièce finement travaillée. Émail vert clair. — H 0,08.

108 — Isis allaitant Horus. La déesse est coiffée du claft surmonté du pschent. Le claft est orné de l'uræus.

Émail bleu, claft noir. — H 0,07.

109 — Isis allaitant Horus. Beau fragment de statuette. Isis porte le claft orné de l'uræus. Cette coiffure est en émail bleu outremer tandis que le reste est en bleu clair.

Planche XXI.

Le nez est restauré. — H 0,045.

110 — Isis debout. La déesse est coiffée du claft orné de l'uræus et
surmonté du signe ⌸.
Planche XX.

Émail vert clair. — H 0,052.

111 — Hathor allaitant Horus. La déesse est assise, tenant Horus sur
ses genoux. De la main gauche, elle soutient le jeune dieu
et de la droite lui présente le sein.

Hathor porte le claft, tandis que le disque orné de l'uræus
et les deux plumes se dressent entre ses cornes.

Au dos est l'inscription :

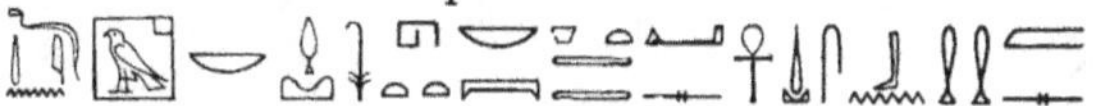

«Paroles d'Hathor, la dame du sycomore du midi, dame
du ciel, régente des deux mondes : elle donne vie, santé,
force . . . . .»
Planche XIX.

Pièce rare. Émail bleu. — H 0,068.

112 — Horus enfant entre Isis et Nephtys.
Nephtys est à la droite du jeune dieu, Isis à la gauche.
Planche XX.

Jolie pièce. Émail gris-vert. — H 0,04.

113 — Horus entre Isis et Nephtys. Les trois divinités sont vues de
profil, marchant vers la droite.

Nephtys est à gauche, Isis à droite du jeune dieu.

Émail gris. — H 0,017.

114 — Ra hiéracocéphale marchant. Le dieu est coiffé du claft surmonté du disque orné de l'uræus. Il est vêtu de la shenti.
Planche XX.

Émail vert. — H 0,085.

115 — Amsit, Hapi, Tioumaoutf, Kabhsonouf, génies funéraires.
Quatre plaquettes découpées.
Voir la vignette.

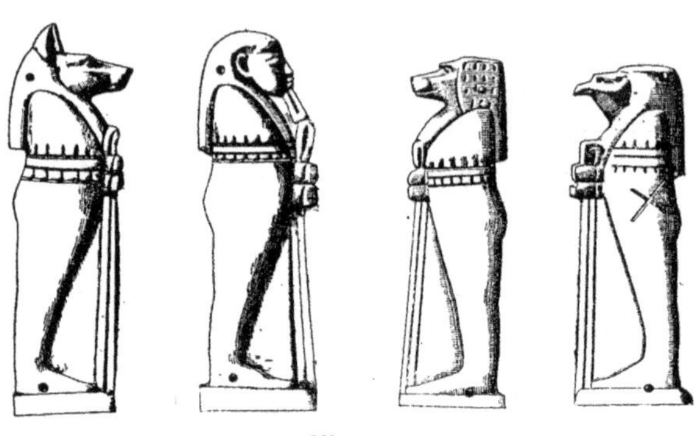

N° 115.

Émail vert. — H 0,05.

116 — Anubis. Le dieu à tête de chacal est debout, marchant. Il est
coiffé du claft et vêtu de la shenti.
Planche XIX.

Émail bleu. — H 0,06.

117 — Anoubit allaitant un oiseau. Cette déesse, forme féminine
d'Anubis, se soutient le sein de la main gauche tandis que
de la droite elle maintient un oiseau à long bec. Cet animal
étend ses ailes vers la déesse.

N° 117.

6*

Anoubit est coiffée du claft surmonté de l'atef; une queue d'oiseau pend derrière le siège.

Voir la vignette, p. 43.

Pièce rare. Émail bleu. — H 0,045.

118 — Ouadjit. La déesse, à tête de serpent, est assise sur une chaise à pieds de lion. Elle tient une·fleur de lotus dans la main droite.

Ouadjit porte le claft et une robe collante rayée.

Trois tiges de plantes sont figurées dans le champ de cette représentation. Le signe ⚹ est sous le siège de la déesse.

Cette scène est intaillée sur le plan inférieur d'un cachet rectangulaire.

Voir la vignette.

N° 118.

Terre émaillée. — H 0,05.

119 — Égide formée d'un quadruple collier surmonté d'une tête d'Isis coiffée du claft.

Émail jaune et brun. — H 0,04.

120 — Colonnette à chapiteau lotiforme surmonté d'une tête de déesse (Isis ?). La déesse porte le claft orné de l'uræus et le pschent.

Planche XX.

Émail vert. — H 0,045.

121 — Ptah mummiforme assis sur un siège cubique. Le dieu est coiffé du serre-tête et porte la barbe carrée. Un collier pare la poitrine. Il tient devant lui (et replié suivant les contours du corps) un sceptre réunissant les signes ♀ *ankh*, 𝄐 *tat* et ⌐ *ouas*.

Au dos est une inscription contenant la formule ⌐𝄐 ⌐ ⌐ ⌐ 𝄐 mais peu lisible.

Cette statue repose sur le socle ⊂⊐ sur le plan oblique duquel sont les signes ⌐♀𝄐.

Cette belle pièce est d'une grandeur remarquable. Les yeux, le bonnet, le collier, quelques détails et les hiéroglyphes sont peints en noir-brun.

Planche XXII.

Émail jaune. — H 0,30.

122 — Ptah mummiforme tient le sceptre *uas*. Le dieu est coiffé du serre-tête et barbu.

Planche XX.

Émail bleu clair. — H 0,035.

123 — Ptah embryon. Le dieu est nu, coiffé du serre-tête et paré d'un collier. Le scarabée est sur sa tête, tandis que deux éperviers, Isis et Nephtys sont à ses côtés.

Nofir-Toumou est derrière Ptah pour le protéger.

Émail bleu et noir. — H 0,055.

124 — Ptah embryon. Le jeune dieu est debout, les jambes fléchissantes, les bras retractés. Il est coiffé du serre-tête.

Cette pièce est remarquable par son modelé qui rend les muscles avec beaucoup d'exactitude.

Planche XIX.

Émail vert. — H 0,095.

125 — Ptah embryon monté sur des crocodiles. Le jeune dieu est entièrement nu ; son crâne rasé est recouvert d'un scarabée. Deux éperviers sont perchés sur ses épaules, tandis qu'Isis et Nephtys sont à ses côtés. Enfin une déesse coiffée du claft surmonté du disque et de la plume 𓏏 étend ses ailes derrière ce groupe en signe de protection.

Planche XX.

Belle pièce, bien conservée. Émail vert clair. — H 0,06.

126 — Ptah embryon, monté sur deux crocodiles. Le jeune dieu est nu. Il porte la mèche juvénile à droite, tandis que le scarabée recouvre sa tête.

Ptah tient deux serpents dans chaque main.

Émail vert. — H 0,08.

127 — Ptah embryon, monté sur les crocodiles. Le jeune dieu est nu, coiffé du serre-tête surmonté du scarabée. Les deux éperviers sont sur ses épaules.

Dans ce groupe, les divinités protectrices du dieu changent. Au lieu d'Isis et de Nephtys, ce sont : Nit à gauche, Sokhit à droite.

Enfin, Hathor étend ses ailes derrière cet ensemble.

Émail vert. — H 0,085.

128 — Ptah embryon, monté sur les crocodiles. Isis et Nephtys sont aux côtés du jeune dieu, et deux éperviers sont perchés sur ses épaules.

Une déesse est gravée derrière ce groupe. Elle étend ses ailes en signe de protection. Le scarabée couvre la tête du dieu.

Émail vert. — H 0,08.

129 — Ptah embryon, monté sur les crocodiles. Deux éperviers sont perchés sur les épaules du jeune dieu, tandis qu'Isis et Nephtys sont à ses côtés. Hathor étend ses ailes derrière ce groupe.

Émail noir. — H 0,075.

130 — Ptah embryon, entièrement nu, les jambes fléchissantes.

Émail bleu. — H 0,03.

131 — Tête de Ptah embryon surmontée d'un scarabée. Pièce d'une finesse remarquable sertie d'un collier moderne en or.
Voir la vignette.

Nº 131.

Émail vert. — H 0,02.

132 — Sokhit assise sur un siège cubique. La déesse léontocéphale tient un sceptre à fleur de lotus de la main gauche.

Au dos est une inscription hiéroglyphique peu lisible. Une oreille est brisée.

Émail vert. — H 0,022.

133 — Statuette de «Sokhit la grande amante de Ptah, la fille de Toumou, l'œuf de Sebek . . . .»

La déesse léontocéphale est debout marchant. L'inscription est gravée au dos.

Émail vert. — H 0,095.

134 — Sokhit-Bastit. La déesse léontocéphale est debout, marchant. Par devant est un *oudja* qu'elle tient dans la main gauche. L'uræus se dresse sur le claft. Au dos, petite inscription nommant Bastit l'œil du soleil
Planche XXI.

Émail vert. — H 0,07.

135 — Sokhit portant l'oudja dans la main gauche. La déesse porte le claft surmonté de l'uræus. Inscription peu lisible au dos.

Émail brun et vert. — H 0,075.

136 — Sokhit portant l'oudja dans la main gauche. La déesse porte le claft surmonté de l'uræus.
Planche XX.

Bel émail bleu. — H 0,065.

137 — Sokhit assise sur un siège cubique. La déesse léontocéphale tient un sceptre à fleur de lotus dans la main gauche.

Émail vert. — H 0,05.

138 — Sokhit debout, marchant. Restauration au pied gauche.

Émail vert. — H 0,075.

139 — Menhit assise sur un siège cubique ajouré. La déesse léonto-céphale tient le sceptre à fleur de lotus de la main gauche, tandis que de la droite, elle tient dressé un instrument in-déterminé. Quatre serpents sont figurés sur les côtés du siège.
Planche XIX.

Bel émail bleu. — H 0,06.

140 — Égide composée d'un collier surmonté de deux têtes de Sokhit.

La première est couronnée du disque orné de l'uræus, la
seconde du pschent.

Émail vert. — H 0,05.

141 — Nofir-Toumou monté sur un lion marchant.

Nofir-Toumou est barbu et coiffé du claft surmonté de
ses insignes divins : la fleur de lotus, les deux plumes droites,
les deux ménats.

Brisure au thorax. Belle pièce finement travaillée.

Planche XXI.

Émail vert clair. — H 0,135.

142 — Nofir-Toumou monté sur un lion couché.

Le dieu porte le claft orné de l'uræus et surmonté de la
fleur de lotus épanouie, des deux plumes droites et des deux
ménats.

Émail vert. — H 0,125.

143 — Nofir-Toumou monté sur un lion couché.

Le dieu porte le claft orné de l'uræus et surmonté de la
fleur de lotus épanouie, des deux plumes droites et des deux
ménats.

Émail vert. — H 0,05.

144 — Sokhit et Nofir-Toumou. Les deux divinités sont debout, côte
à côte.

La tête de Sokhit est surmontée du disque, celle de Nofir-
Toumou de ses insignes ordinaires.

Émail bleu, repeints noirs. — H 0,085.

145 — Imhotpou assis sur un siège cubique et tenant un rouleau de
papyrus déroulé devant lui. Le dieu est coiffé du serre-tête
et vêtu de la shenti longue.
Planche XIX.

Émail bleu. — H 0,08.

146 — Bisou debout, les bras pendants sur ses jambes fléchissantes.
Le dieu à face grotesque a la tête surmontée de quatre
plumes droites.

Émail bleu. — H 0,045.

147 — Bisou. Le dieu à face grotesque, à langue pendante, est debout.
Il appuie ses deux mains sur ses jambes fléchissantes.
La tête de Bisou est surmontée de cinq plumes droites. Le
haut de la poitrine semble recouvert par une étoffe frangée.
Planche XIX.

Émail blanc. — H 0,075.

148 — Montou. Le dieu guerrier, seigneur de Thèbes, est
assis, les mains posées sur les genoux.
Il a une tête d'épervier surmontée du disque et des deux
grandes plumes droites.
Planche XX.

Émail verdâtre. — H 0,073.

149 — Maout, la grande, allaitant Khonsou. La déesse est
assise sur un siège cubique. La tête est couverte de la perruque tombant autour des épaules. Huit uræus se voient
sur cette coiffure. Maout porte le pschent.
Planche XX.

Émail vert. — H 0,065.

150 — Maout allaitant Khonsou. La déesse porte une coiffure
ornée de six uræus et surmontée du pschent.

Émail jaune. — H 0,065.

151 — Thouëris. La déesse à mamelles pendantes et à formes d'hippopotame est debout. Elle tient devant elle le signe ☥ sur lequel elle appuie ses deux pattes antérieures.

Une sorte de queue tressée pend dans son dos et tombe
à terre.

Pièce d'un très grand caractère.

Émail bleu. — H 0,105.

152 — Thouëris. La déesse est coiffée du claft et parée d'un collier.
Une queue pennée tombe derrière.

Émail bleu. — H 0,08.

153 — Thouëris. Pièce semblable à la précédente.

Émail vert. — H 0,055.

154 — Khnoumou embryon. Le dieu criocéphale est debout, les jambes fléchies, les bras retractés.

Une queue d'épervier s'attache aux épaules du dieu et va
jusqu'à terre.

Planche XIX.

Émail bleu. — H 0,065.

155 — Thot. Le dieu est debout, les bras pendent le long du corps;
il marche.

Thot est coiffé du claft; chose curieuse, il est entièrement nu.

Les pieds sont à observer; les orteils s'en dressent comme
des griffes d'animal.[1]

Pièce rare. Restauration au bec.

Planche XXI.

Émail vert. — H 0,12.

---

[1] Mr. DE ROUGÉ (*Notice sommaire,* p. 141) signale un Thot Lune au corps entièrement nu et modelé comme celui d'un enfant aux formes élancées; c'est probablement, dit-
il, la lune à son premier quartier.

7*

156 — Thot. Le dieu ibiocéphale est debout, marchant. Il est coiffé du claft et vêtu de la shenti.

Le devant du socle a été orné d'une incrustation en émail bleu.

Belle pièce. Restauration au bec.
Planche XXI.

Émail vert. — H 0,13.

157 — Thot. Jolie pièce montrant le dieu debout et marchant. Thot porte le claft et la shenti.

Le bec est restauré.

Émail bleu. — H 0,13.

158 — Thot debout, marchant. Le dieu est vêtu de la shenti et coiffé du claft.

Émail vert foncé. — H 0,085.

159 — Thot tenant un *oudja* de ses deux mains. Le dieu porte le claft surmonté du disque et du croissant.

Émail bleu, repeints noirs. — H 0,06.

160 — Thot portant un *oudja* dans la main gauche et le protégeant de la droite. C'est d'après la légende du Livre des Morts, l'œil de Ra que Thot ramène ainsi de Nubie.

Le dieu porte le claft surmonté de l'atef. Des bracelets ornent ses bras et ses jambes.
Planche XXI.

Émail bleu, repeints noirs. — H 0,13.

161 — Thot. Le dieu marche les bras pendants.

Émail bleu clair. — H 0,10.

162 — Ari-hos-nofir léontocéphale, marchant. Le dieu est coiffé du pschent surmonté de l'atef sans cornes et vêtu de la shenti.
Planche XX.

Émail vert clair. — H 0,095.

163 — Djefau à tête et à queue de serpent porte les deux mains à sa bouche.
Planche XX.

Émail vert. — H 0,04.

164 — Ames. Deux éperviers à tête humaine, barbue et coiffée du claft.

Les insignes capitaux ont disparu.

Sous le plan inférieur de la base on a représenté en intaille un sphinx coiffé du pschent allongé devant un obélisque. Un uræus se dresse derrière ce sphinx.

Émail brun. — H 0,025.

165 — Statuette présentant deux personnages dos à dos et marchant en sens contraire. Ils portent le claft et la shenti et sont barbus.
Planche XX.

Émail vert. — H 0,04.

II.

LES ANIMAUX.

166 — Apis dans un naos. Amulette en forme de pectoral. Apis porte
le disque entre ses cornes.
Planche XX.

Émail vert et noir. — H 0,035.

N° 167.

167 — Sphinx femelle assis sur les pattes de derrière et ayant entre les pattes de devant une chatte accroupie. Ce sphinx a la tête ornée de trois tresses de cheveux. Le chat a la tête surmontée du disque.

Voir la vignette, p. 54.

Émail vert. — H 0,12.

168 — Bélier debout et marchant.

Émail vert et jaune. — H 0,023.

169 — Bélier couché. Les cornes et l'extrémité des pattes sont peintes en noir.

Voir la vignette.

N° 169.

Émail jaune clair. — Long. 0,07.

170 — Bélier couché, le corps dans une gaîne.

Émail vert. — Long. 0,035.

171 — Cynocéphale debout, marchant. Cet animal est de proportions très élancées. De petits traits indiquent son pelage.

Planche XX.

Jolie pièce. Émail vert. — H 0,095.

172 — Cynocéphale accroupi tenant un plateau circulaire devant lui.

Émail vert. — H 0,05.

173 — Cynocéphale debout, appuyant les mains sur un vase.
Brisure aux genoux.

Émail vert. — H 0,05.

174 — Cynocéphale accroupi, les mains posées sur les genoux.

Émail vert. — H 0,04.

175 — Hérisson. Une petite inscription : 𓏏𓂧𓈖𓏤 est gravée sous le plan
inférieur.

Émail vert. — H 0,015.

176 — Vase formé d'un hérisson. Le dos est surmonté d'un col et
d'une anse.
Jolie pièce.

Émail bleu clair. — H 0,05.

177 — Chatte assise. Deux petits sont devant leur mère.

Émail bleu. — H 0,03.

178 — Vautour étendant ses ailes pour protéger un roi agenouillé devant lui et tournant le dos. Le roi porte le claft et la shenti;
ses mains sont posées à plat sur les genoux.
Les têtes du vautour et du roi sont brisées, la base de ce
groupe l'est aussi. Pièce intéressante.
Voir la vignette, p. 57.

Bel émail blanc. — H 0,045.

179 — Épervier. Pièce très fine ; restaurations aux pattes et au bout
de la queue.

Émail vert clair. — H 0,055.

180 — Épervier de beau style.

Émail bleu clair. — H 0,06.

181 — Scarabée au nom de [hiéroglyphes] «l'Osiris, prophète d'Amon roi des dieux, chef des secrets de la maison d'Amon, Makhoui, juste de voix.» Commencement du chap. LXIV, ligne 34.

Émail vert. — Long. 0,055.

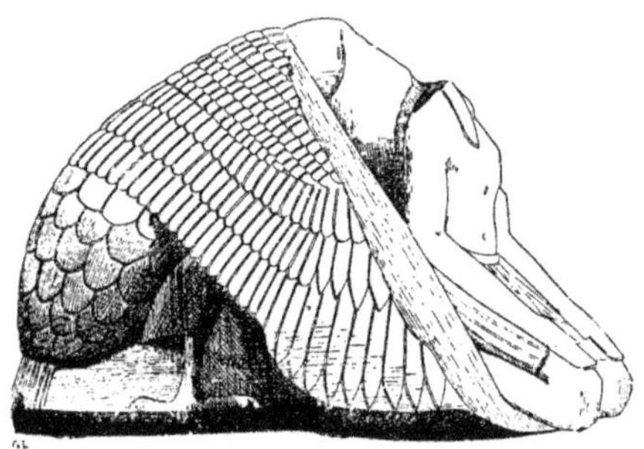

N° 178.

182 — [cartouche] Ra-men-pehti, cartouche prénom de Ramsès Ier, gravé sur un scarabée.

Émail vert. — Long. 0,01.

183 — Scarabée au nom de [hiéroglyphes] Nesi-Khonsou. Commencement du chap. LXIV, ligne 34.

Émail bleu clair. — H 0,05.

184 — Plaquette carrée portant en intaille le dieu Set au-dessus d'un crocodile adorant le cartouche [cartouche]

Émail jaune. — Long. 0,03.

8

185 — Scarabée portant le même sujet en intaille.

  Émail jaune. — Long. 0,03.

186 — Scarabée. Belle pièce. Le plan inférieur est percé de trous sur les bords.

  Traces de dorure.

  Pâte bleue. — Long. 0,04.

187 — Scarabée. L'image de Set armé d'un bâton et celle d'un crocodile sont gravées sur le plan inférieur.

  Terre blanche. — Long. 0,025.

188 — Scarabée. Plan inférieur : deux serpents entourent ⊙ 〰 ⊔

  Émail brun. — Long. 0,03.

189 — Scarabée. Plan inférieur : le cartouche ⟨⊙ 〰 ⟩

  Émail vert. — Long. 0,01.

190 — Scarabée. Plan inférieur : *A.* Deux sphinx affrontés. *B.* Le cartouche ⟨⊙ ⟩ est posé sur le signe 〰 et protégé par deux éperviers aux ailes éployées.

  Émail jaune. — Long. 0,02.

191 — Cheval dressé sur ses jambes de derrière et tenant devant lui une femme jouant de la lyre. Ce sujet est posé sur une fleur de lotus.

  Émail vert, repeints noirs. — H 0,11.

III.

MONUMENTS CIVILS.

192 — Scribe accroupi. Statuette d'un personnage assis sur un petit
coussin, les jambes croisées. Il étend ses deux mains sur
un papyrus déroulé devant lui. La palette est gravée sur
ce papyrus. Le scribe a la perruque cannelée et la robe
plissée que portaient les personnages de haut rang de la

N° 192.

xixe dynastie. Des plis sont indiqués sur sa poitrine. Pièce intéressante.

Voir la vignette, p. 59.

Émail blanc. — H 0,085.

193 — Enfant agenouillé, jouant de la double flûte. Deux oiseaux sont perchés sur ses épaules.

Voir la vignette.

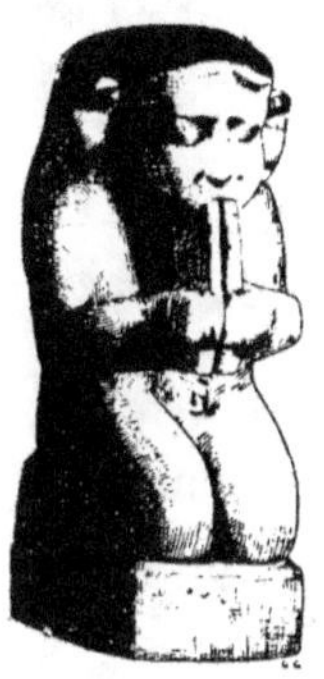

N° 193.

Émail vitreux blanc, jaune et noir-violet. — H 0,05.

194 — Tête d'un personnage coiffé de la perruque ronde et frisée.

Émail vert et brun. — H 0,04.

195 — Double étui à calames ou à flûtes ayant appartenu à l'archiprêtre, prêtre de Ptah, Titïaa, juste de voix. Belle pièce, d'une conservation parfaite.[1]

Voir la vignette, p. 61.

Émail bleu, hiéroglyphes et repeints noirs. — H 0,155.

[1] LIEBLEIN, dans son *Dictionnaire de noms hiéroglyphiques* cite un . (London tabl. 796.)

N° 195.

196 — Bague à chaton ovale. Une pierre noire a été insérée dans ce chaton et porte :

Émail bleu. — H 0,025.

197 — Ahmes-si-nit. Fragment de plaquette carrée portant gravé le cartouche d'Amasis. XXVIe dynastie.

Voir la vignette.

N° 197.

Émail vert. — H 0,06.

198 — (...) Cartouche renfermant le nom et le prénom (avec quelques variantes) de Sheshonk Ier, xxiie dynastie.
Le signe des milliers d'années ... est à côté de ce cartouche. Fragment de plaquette.
Voir la vignette.

N° 198.

Émail vert. — H 0,05.

199 — Coupelle. Les bords de ce petit vase ont été échancrés à quatre
places et forment ainsi un motif ornemental.

Émail bleu. Repeints noirs. Deir-el-Bahari. — Diam. 0,05.

200 — Fragment de vase cylindrique portant gravée une inscription
incomplète de quatre lignes.

On voit à gauche un commencement de table d'offrandes,
au dessus de laquelle sont les signes ... .
Voir la vignette, p. 63.

Émail vert. — H 0,075.

201 — Partie supérieure et manche de sistre. La partie supérieure
présente une tête d'Hathor à double face, aux oreilles de

N° 200.

vache, à la coiffure tombante et enroulée. Cette tête est surmontée d'un entablement orné d'uræus et gardée latéralement par quatre serpents léontocéphales.

Le manche porte deux lignes d'hiéroglyphes : A. «Le roi de la Haute et Basse Égypte,
maître des deux terres ... fils du Soleil ... vivant éternelle-
ment, aimé.» B. «Le dieu
bon, maître des deux terres, le maître faisant les choses ...
fils du Soleil, vivant éternellement.»

Le nom royal n'a pas été gravé dans les cartouches.

Restauration à la tête et au haut du manche. — Émail blanc. —
H tot. 0,25.

202 — Sistre brisé à double tête d'Hathor. La déesse aux oreilles de
vache a la tête surmontée d'un entablement supportant le
haut du sistre brisé. Deux serpents couronnés du disque se
dressent sur les côtés.

Émail bleu. — H 0,11.

203 — Bague cachet portant l'inscription : [hiéroglyphes] «Toumou, seigneur de On (Héliopolis)».

Émail vert. — Long. 0,055.

204— Aryballe. Deux petits cynocéphales sont des deux côtés du col de ce vase. Ils sont assis et portent leurs mains à la figure.

Deux inscriptions sont gravées sur les méplats de jonction. A. [hiéroglyphes] «Nit donne la vie, toute santé, toute joie à *Neb-Ka-Neferou*-n-neb-s». B. [hiéroglyphes] «Ptah, Amen, Sokhit..... Nefer-n-neb-s».

Émail vert. — H 0,18.

205 — Vase bursiforme, orné de stries sur la panse et de points noirs près du col.

Émail bleu. — H 0,05.

206 — Perle oblongue accolée de deux crocodiles.
Inscriptions : [hiéroglyphes] et [hiéroglyphes].

Émail vert. — H 0,02.

207 — Vase.

Émail bleu. — H 0,04.

IV.

MONUMENTS FUNÉRAIRES.

I.

Statuettes funéraires provenant de la trouvaille de Deir el-Bahari.

208 — 〔hieroglyphs〕 Statuette funéraire au nom de la mère du dieu Hont-toui.

Le claft est orné de l'uræus.

Émail bleu, repeints noirs.[1] — H 0,125.

209 — 〔hieroglyphs〕 Statuette funéraire au nom de la mère du roi Hont-toui.

Le claft est orné de l'uræus.

H 0,12.

210 — 〔hieroglyphs〕 Statuette funéraire au nom de l'épouse royale Hont-toui.

Le claft est orné de l'uræus.

H 0,125.

211 — 〔hieroglyphs〕 Statuette funéraire au nom de l'épouse royale Hont-toui.

Hont-toui porte le claft orné de l'uræus. Elle est vêtue d'une tunique à manches et à tablier proéminent. Le bras gauche est replié et tient un fouet.

H 0,125.

[1] Ce caractère est propre à toutes les statuettes de ce groupe.

212 — Statuette funéraire au nom de la maîtresse des deux mondes Hont-toui.

Le claft est orné de l'uræus.

H 0,125.

213 — Statuette funéraire au nom de la fille royale Hont-toui.

Le claft est orné de l'uræus.

H 0,125.

214 — Statuette funéraire au nom de l'épouse et fille royale Hont-toui.

Hont-toui porte le claft orné de l'uræus, la robe plissée et le fouet.

H 0,125.

215 — Statuette funéraire au nom de l'Osirienne Hont-toui.

Le claft est orné de l'uræus.

H 0,12.

216 — «C'est la statuette funéraire de l'Osirienne royale fille Hont-toui juste de voix auprès de, féale du dieu . . .».

Inscription tracée sur une statuette funéraire. Le claft est orné de l'uræus.

H 0,12.

217 — «C'est la statuette funéraire de l'Osirienne, la royale fille, la maîtresse des deux mondes Hont-toui, (juste de voix) auprès d'Osiris . . .».

Inscription tracée sur une statuette funéraire. Le claft est orné de l'uræus.

H 0,12.

218 — «C'est la statuette funéraire pour l'Osirienne, la fille royale, maîtresse des deux mondes, Hont-toui (juste de voix auprès d') Isis, la mère du dieu».

Inscription tracée sur une statuette funéraire. Le claft est orné de l'uræus.

H 0,12.

219 — «C'est la statuette funéraire de l'Osirienne, l'épouse royale Hont-toui, juste de voix auprès d'Isis».

Inscription tracée sur une statuette funéraire. Le claft est orné de l'uræus.

H 0,12.

220 — «C'est la statuette funéraire de l'Osirienne, la mère royale Hont-toui, véridique auprès de, dépendante de . . .».

Inscription tracée sur une statuette funéraire. Le claft est orné de l'uræus.

H 0,12.

221 — «C'est la statuette funéraire de l'Osiris, la fille royale Hont-toui véridique auprès de la sœur du dieu».

Inscription tracée sur une statuette funéraire. Le claft est orné de l'uræus.

H 0,12.

222 — [hiéroglyphes] Nom royal peu lisible. Claft orné de l'uræus.

Statuette funéraire.

H 0,11.

223 — [hiéroglyphes] Statuette funéraire de l'Osirienne, grande supérieure des premières tympanistes[1] d'Amon, Isit-m-Khab. Commencement du Chapitre VI du Livre des Morts.

H 0,15.

224 — [hiéroglyphes] Statuette funéraire de l'Osirienne, grande supérieure des premières tympanistes d'Amon, Isit-m-Khab.

Inscription de quatre lignes horizontales, Chapitre VI.

H 0,155.

225 — [hiéroglyphes] Statuette de «l'Osirienne Isit-Khab».
Ligne verticale d'hiéroglyphes.

H 0,155.

226 — [hiéroglyphes] Statuette funéraire de l'Osirienne Isit-m-Khab.
Cette figurine représente un personnage vêtu d'un tablier proéminent et coiffé du claft.

Le bras droit est replié et tient un fouet. Le bras gauche pend et tient une lanière (?). Les pieds sont nus.

L'inscription est tracée sur le tablier.

H 0,145.

227 — [hiéroglyphes] Statuette funéraire de l'Osirienne grande supérieure principale d'Amon, Isit-m-Khab.

Inscription de deux lignes verticales.

H 0,155.

[1] Cf. V. Loret, *Les flûtes égyptiennes antiques.* 1890.

228 — Statuette funéraire au nom de la femme du dieu, maîtresse des deux mondes Ramaka. Le claft est orné de l'uræus.

H 0,125.

229 — «Pour faire briller l'Osirienne femme du dieu, Ramaka, juste de voix».

Statuette funéraire portant le claft orné de l'uræus.

H 0,115.

230 — Ra-ma-ka, la femme du dieu Amon-Ra. Statuette funéraire. Le claft est orné de l'uræus. Les seins sont accusés.

H 0,12.

231 — Pour faire briller l'Osiris Ra-ma-ka, juste de voix.

Statuette funéraire.

H 0,11.

232 — Nesi-amon, l'aimé de Dieu. Statuette funéraire.

H 0,105.

233 — «L'Osirienne, grande supérieure des premières tympanistes d'Amon, Nesi-Khonsou».

Statuette funéraire à tablier proéminent. Le bras droit est replié et tient une lanière jetée sur l'épaule gauche.

H 0,17.

234 — Statuette funéraire au nom de l'Osirienne, grande supérieure des premières tympanistes d'Amon, Nesi-Khonsou.

Inscription horizontale de cinq lignes reproduisant le Chapitre VI.

H 0,18.

235 — L'Osirienne, grande supérieure des premières tympanistes d'Amon, Nesi-Khonsou. Inscription de deux lignes verticales peinte sur un vase en forme de tronc de cône renversé.

Voir la vignette.

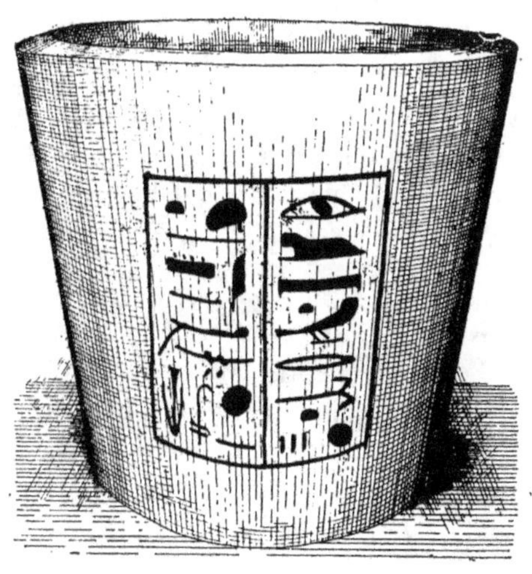

N° 235.

H 0,06.

236 — Nesi-ta-neb-asher. Statuette funéraire portant l'inscription suivante tracée en cinq lignes verticales.

«Pour faire briller l'Osirienne grande supérieure des premières tympanistes d'Amon, prophète de Minou maître de Panopolis, prophète d'Osiris maître d'Abydos, supérieure des favorites, Nesi-ta-neb-asher, fille de Nesi-Khonsou. Elle dit : ô [cette statuette funéraire]».

H 0,15.

237 — [hieroglyphs] Statuette funéraire mummiforme au nom de Nesi-ta-neb-asher.

Inscription en lignes verticales reproduisant le Chapitre VI du Livre des Morts.

H 0,145.

238 — Nesi-ta-neb-asher. Statuette funéraire portant une inscription tracée en 6 lignes verticales. [hieroglyphs] [hieroglyphs] «Pour faire briller l'Osirienne grande supérieure des premières tympanistes d'Amon, supérieure des favorites, Nesi-ta-neb-asher». Suit le Chapitre VI.

H 0,135.

239 — Nesi-ta-neb-asher. Statuette funéraire représentant un personnage vêtu de la tunique proéminente et coiffé d'une perruque. Le bras droit est replié et tient un fouet.

Une inscription de deux lignes est tracée sur le tablier. Elle reproduit les titres de la statuette précédente, sans variantes.

H 0,15.

240 — Nesi-ta-neb-asher. Statuette funéraire à tablier proéminent semblable à la précédente.

Inscription d'une ligne sur le tablier. [hieroglyphs] [hieroglyphs] L'Osirienne Nesi-ta-neb-asher.

H 0,15.

241 — [hieroglyphs] Statuette funéraire au nom de l'Osiris Djet-Ptah-aouf-ankh.

H 0,10.

242 — Djet-ptah-aouf-ankh, troisième prophète d'Amon.

H 0,11.

243 — Djet-ptah-auf-ankh. Statuette funéraire
à robe plissée et à tablier proéminent. Un fouet à longue lanière est dans la main gauche du défunt.

H 0,11.

244 — Statuette funéraire au nom
du premier prophète d'Amon, Pinotmou, juste de voix.

Pinotmou porte la robe à tablier proéminent et tient un
fouet à la main gauche.

H 0,17.

245 — Statuette funéraire au nom du premier prophète d'Amon
Pinotmou.

Six lignes d'inscription ont été tracées sur cette statuette.
Elles reproduisent le Chapitre VI du Livre des Morts.

H 0,17.

246 — Statuette funéraire au nom de
l'Osiris Masaher, juste de voix, brisée aux hanches.

H 0,11.

247 — Masaher, deuxième prophète d'Amon.

H 0,10.

248 — Le grand chef des dix, Nes.
Statuette funéraire à tablier proéminent. Le bras droit est
replié. Un fouet à double lanière est dans la main droite.

H 0,11.

249 — L'Osiris grand chef des dix.
Statuette funéraire de Nes. Ce personnage porte la tunique plissée à manches et à tablier proéminent.
Un fouet est dans la main gauche.

H 0,11.

250 — Aouou .... Statuette funéraire.

H 0,105.

251 — Pour faire briller l'Osirienne Tai. Statuette funéraire.

H 0,11.

252 — Anonyme. Statuette funéraire d'un personnage royal, portant le claft et le tablier proéminent. L'uræus orne le claft.
Ce personnage tient de la main gauche un fouet à deux lanières.

H 0,12.

253 — Anonymes. Deux statuettes funéraires à robe plissée et à tablier proéminent. Elles ramènent le bras droit sur la poitrine.
Une de ces statuettes porte une inscription verticale peu lisible.

H 0,105.

254 — Anonymes. Cinq statuettes funéraires à tablier proéminent, ramenant le bras gauche sur la poitrine et tenant un fouet.

H 0,105.

II.

Statuettes funéraires de provenances diverses.

255 — [hiéroglyphes] Statuette funéraire du prince, préposé aux tissus, du grand Petisis enfanté par Nit-ei-ta, juste de voix.

Fragment du Chapitre vi. Hiéroglyphes en creux.

Bel émail bleu clair. — H 0,16.

256 — [hiéroglyphes] Statuette funéraire au nom de «l'Osiris, prince, prophète, préposé aux tissus, Hor enfanté par Oudja-shou, juste de voix».
Le Chapitre vi est tracé en sept lignes horizontales.
Les hiéroglyphes sont gravés en creux.
Planche XXIII.

Émail vert clair. — H 0,20.

257 — [hiéroglyphes] Qasa. Statuette funéraire. Chapitre vi en six lignes horizontales et une verticale continuant jusqu'au dessous des pieds.

Émail bleu clair, repeints noirs. — H 0,155.

258 — [hiéroglyphes] Statuette funéraire au nom du décoré de l'abeille Imhotpou, fils de Isit-ourit, juste de voix.

Chapitre vi gravé en sept lignes horizontales.

Émail vert. — H 0,23.

259 — Statuette funéraire au nom de Psame-tik enfanté par Tiaourokitou. Inscription de neuf lignes horizontales contenant le Chapitre VI entier.

Hiéroglyphes en creux.

Émail bleu. — H 0,18.

260 — Variante : Statuette funéraire au nom du prophète Ahmos, enfanté par Ta-rout, juste de voix. Chapitre VI.

Planche XXIII.

Émail bleu. — H 0,18.

261 — Statuette funéraire au nom de l'Osiris Pa-tep-pe.

Émail vert. — H 0,13.

262 — Statuette funéraire au nom du prophète de Bastit, dame d'Ankh-to, Pe-ti-ptah, juste de voix.

Émail vert, repeints noirs. — H 0,07.

263 — Statuette funéraire.

Planche XXIII.

Émail vert clair. Hiéroglyphes bleus. — H 0,12.

264 — Téos, juste de voix, enfanté par Ronpit-nofir. Statuette funéraire.

Trois pièces. Émail brun. — H 0,12.

265 — ⟨hieroglyphs⟩ Le scribe Dja-m-Shet.
Statuette funéraire.

Émail vert, repeints noirs. — H 0,16.

266 — Anonyme. Statuette funéraire ne portant aucune inscription.

Émail bleu clair. — H 0,16.

267 — Réseau de perles semblable à ceux qui recouvrent les momies
et orné de brins d'étoffe effilés.

Perles longues en émail bleu. — Haut. tot. 0,98.

270 — Collier de scarabées dont un enchâssé d'or.

Émaux variés.

PÂTES.

271 — Masque d'un dieu ou d'un personnage royal. Les yeux, les sourcils, le support de barbe sont indiqués en creux. Il est probable que ces parties du visage étaient rehaussés par des émaux différents.

Jolie tête.

Voir la vignette.

N° 271.

Verre bleu. — H 0,05.

272 — Scarabée.

Pâte de verre bleu violet. — Long. 0,045.

273 — Horus enfant entre Isis et Nephtys. Les trois divinités sont vues de face, se donnant la main.

Isis et Nephtys ont la tête surmontée de l'hiéroglyphe de leur nom : ∬ et ⎕

Pâte de verre bleu. — H 0,05.

BOIS.

I.

LES DIEUX ET LES DÉESSES.

274 — Ptah. Bas-relief montrant le dieu de profil, assis sur un siège cubique.

Ptah est coiffé du claft orné d'une bandelette et vêtu d'une grande tunique collante qui ne laisse passer que les deux mains. Le dieu tient devant lui : le signe *ankh* ☥, le signe ↑ *ouas*, le pedum ↑ et le flagellum ⋀

Brisure aux pieds. — H 0,17.

275 — Nofir-Toumou. Le dieu est debout, marchant. Il est coiffé du claft surmonté de la fleur de lotus, des quatre plumes droites et des deux ménats.

Les jambes sont brisées aux chevilles. — Socle de velours rouge. — H 0,10.

276 — Bisou et Horus sur les crocodiles. Stèle montrant Bisou de face et Horus de profil. Le jeune dieu tient un lion par la queue.

H 0,21.

277 — Bisou debout, monté sur un socle en forme de pyramide tronquée.

Les yeux et la bouche sont incrustés d'un bois différent.

Cette statuette est forée intérieurement et a dû servir de tube à antimoine. — H 0,14.

278 — Anubis assis sur un siège cubique. Curieuse statuette d'une merveilleuse finesse.

Anubis est coiffé du claft et vêtu de la shenti. Une queue d'épervier, bifide, est attachée à sa ceinture et pend derrière le siège. Enfin, un carquois est à la droite de ce même meuble.

Voir la vignette.

N° 278.

H 0,06.

279 — Pièces d'applique. Sept pièces représentant : la grande dévoreuse, Kabhsonouf coiffé du disque, Thoti, Horus hiéracocéphale la tête surmontée du pschent, Amsit, et un personnage vêtu de la shenti longue.

H 0,21.

II.

LES ANIMAUX.

280 — Tête de lion ayant probablement servi de décor à un trône.
Cette pièce est magnifique. Le lion a l'air menaçant; les sourcils se froncent, le nez semble frémir.
La grandeur des lignes, la largeur des plans, la vérité de rendu en font un des beaux morceaux de l'art égyptien.
Planche XXIV.

L'oreille gauche est brisée. — H 0,18.

281 — Tête de lion ayant probablement orné le montant d'un trône.
Cette tête est modelée par grands et larges plans.
Bon style.
Planche XXV.

H 0,22.

282 — Lion couché tournant la tête à droite.
Couvercle de boîte.

Larg. 0,12.

283 — Pied de siège terminé par une tête d'hippopotame.
Cette tête est percée de deux mortaises à angle droit.

Bois doré en partie. — H 0,19.

284 — Chacal couché, les pattes antérieures étendues. Un ruban blanc, peint, entoure le cou.

Ces animaux servaient à couvrir les coffrets funéraires. Ils étaient les représentants d'Anubis et protégeaient les objets appartenant au défunt. On voit aussi dans quelques peintures égyptiennes des animaux semblables montés sur une enseigne et promenés dans les cérémonies funèbres.

Bois peint en noir. — H 0,25, long. tot. 0,91.

285 — Cynocéphale debout, les bras pendant le long du corps. Proportions élancées.

H 0,36.

286 — Cynocéphale debout, les bras pendants. Cet animal est légèrement courbé.

Peinture noire, repeints jaunes. — H 0,36.

287 — Chat assis, monté sur un socle antique.

H 0,21.

288 — Oie préparée pour l'offrande. La tête est repliée, les ailerons sont coupés, et les pattes ramenées sous le ventre.

Cette pièce a été creusée et forme une boîte à couvercle pivotant.

Voir la vignette.

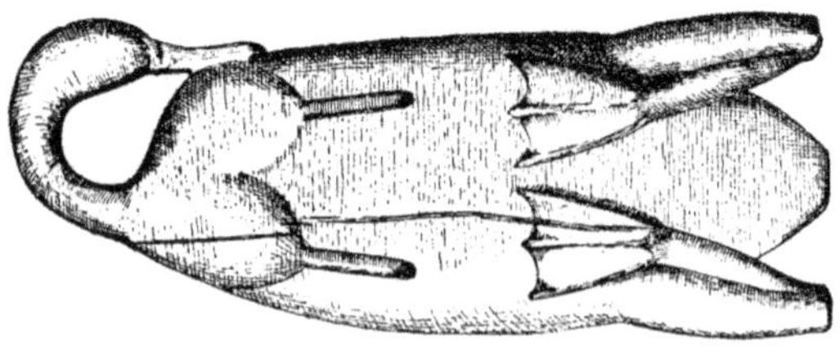

N° 288.

Long. 0,17.

289 — Oiseau akem. Cet épervier mummiforme a le haut du corps paré d'un collier.

Il porte en outre un collier à pendant et un ménat.
Jolie décoration en couleur.

H 0,22.

290 — Oiseau akem semblable au précédent.

H 0,18.

III.

MONUMENTS CIVILS.

291 — Tête d'un personnage à tête rase, aux yeux saillants, à nez aquilin aux larges ailes, à grande bouche.

Les oreilles, grandes et saillantes, sont placées un peu haut. Le crâne est bien conformé.

Voir la vignette.

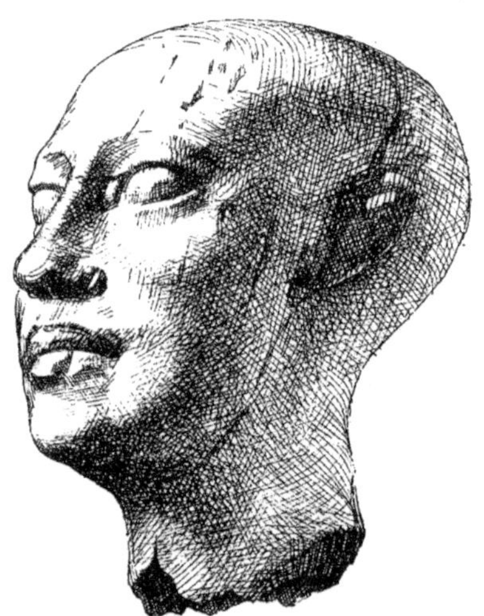

N° 291.

Jolie tête, modelée très largement; le dessin de la bouche est remarquable.

Socle de velours rouge. — H 0,095.

11*

292 — Vase de forme allongée s'arrondissant à sa base et muni d'un couvercle à pivot.

A la partie supérieure est un curieux bas-relief représentant une chasse.

Un personnage, monté sur un char garni de deux carquois, lève le bras droit, tandis que sa main gauche tient les rênes. La roue du char a six jantes.

Un second personnage transperce deux lions avec des dards. Sa tête est ornée d'une plume.

Voir les vignettes.

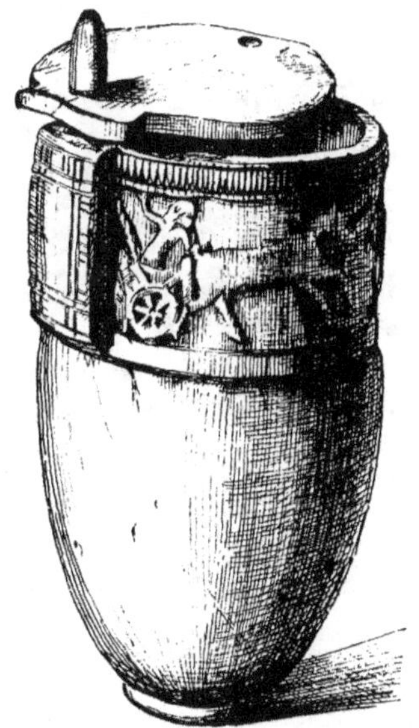

N° 292 a.

N° 292 b.

Une gazelle broute une herbe sauvage et allaite un petit.

Un sphinx femelle regarde cette scène. Il a une tête humaine et deux bras humains. Le reste du corps est semblable à celui d'une lionne. Six mamelles pendent au ventre. Enfin, des ailes s'attachent au dos de cet animal fantastique.[1]

H 0,19.

293 — Double flûte droite, formée de deux tiges de roseaux creux et percés de six trous.

L'anche de cet instrument a été trouvée au bas d'un des roseaux.

Quelques traces de bitume et une légère courbure, identique dans les deux roseaux, dénotent leur accouplement ancien.

Cet intéressant instrument ressemble singulièrement à la flûte ⸺ *asit* des hiéroglyphes et à la *mashourah settaouiah* que M. Loret, dans son travail sur « *Les flûtes égyptiennes antiques* », a citée comme existant encore.

Long. 0,305, diam. sup. 0,010, diam. inf. 0,012; diam. interne sup. 0,006, inf. 0,0075. — L'anche est formée d'un petit roseau sur lequel on a détaché une petite lamelle vibrante. Une de ses extrémités est bouchée. — Long. 0,054, diam. 0,006.

294 — Tube à antimoine. Un cynocéphale est debout devant ce tube et le tient de ses deux mains.

Traces de couleur rouge à la face et aux reins.

Le couvercle et la spatule manquent. — H 0,09.

295 — Double tube à antimoine. Ce petit instrument de toilette est muni d'un couvercle pivotant autour d'un bouton d'ivoire.

La spatule en bronze qui servait à étendre l'antimoine autour des yeux s'insère dans une rainure.

Jolie pièce, bien conservée. — H 0,08.

[1] Un animal semblable est représenté dans Rosellini, T. I, pl. XLIV quinquies.

IV.

MONUMENTS FUNÉRAIRES.

296 — Masque de cercueil de momie.

Les yeux sont grands, un peu relevés à leur extrémité, le nez droit et mince, la bouche moyenne.

Les yeux sont incrustés de noir et de blanc et cernés de bronze, ainsi que les sourcils.

Belle pièce, bien conservée. — H 0,22.

297 — Masque de cercueil de momie.

Les yeux, très grands, ont été incrustés de bronze et d'émail. Le nez est droit, fin ; la bouche est petite et sourit doucement.

Belle pièce fort bien travaillée. Les incrustations ont disparu. — H 0,22.

298 — Stèle cintrée au nom de [hiéroglyphes]

Cette personne présente des offrandes à [hiéroglyphes] Ra-Hor-Khouti, maître de ...., prince des siècles, régent de l'éternité.

Elle est vêtue d'une robe très ample et transparente et porte une grande chevelure ornée de bandelettes de couleur, d'une fleur de lotus et d'un cône.

Les offrandes sont nombreuses. On remarque : des fleurs de lotus, des pains, des amphores sur leur pied, une tête de veau, une tête d'antilope, des oiseaux, un cœur et des intestins, une oie, une tête de bœuf, enfin trois vases placés sur un support.

Ra-Hor-Khouti est assis sur un siège cubique, tenant le ⚒ et le ⏀. Il est hiéracocéphale et porte le disque orné de l'uræus.

Dans le cintre s'étend le signe du ciel et en dessous le disque ailé orné d'uræus tenant le signe ☥ *ankh*. Il est nommé ⬭⬭. Le scarabée est en dessous du disque.

Enfin, en bas, est une ligne d'hiéroglyphes, mais peu lisible :

Jolie peinture, finement exécutée. — H 0,33.

299 — Coffret funéraire en forme de monument égyptien. Les quatre faces sont peintes.

Ire face. Une porte fermée à deux verrous.

2e et 4e face. Deux registres. Registre inférieur : six personnages mummiformes (trois et trois) sont tournés vers la porte de la première face.

Registre supérieur. Frise de ▯ tats et de ▯ boucles alternés.

3e face. Au centre l'insigne ▯ d'Osiris. A droite et à gauche se dressent deux serpents. Celui de gauche porte sur la tête le signe ▯ d'Isis, celui de droite le signe ▯ de Nephtys.

H. 0,35.

300 — Coffret funéraire cubique fermé par un couvercle. Les quatre faces sont peintes.

Face antérieure : Isis.

Face latérale droite : Amsit et Hapi.

Face latérale gauche : Tioumaoutf et Kabhsonouf.

Face postérieure : Nephtys.

Le couvercle est peint en rouge et quadrillé de vert. Sous le plan inférieur de ce couvercle, écrites à l'encre noire, sont quelques lignes de démotique (?) peu lisibles.

Bois peint. — H 0,29.

3o1 — Couvercle de coffret funéraire.

Cette planchette rectangulaire est percée à ses angles de quatre trous qui reçurent des chevilles.

Au dessus est accroupi l'oiseau *akem*, représentant l'âme hiéracocéphale. Cet oiseau a la tête surmontée de deux plumes droites.

Long. o,28, H o,17.

3o2 — Statue funéraire portant une inscription d'une ligne verticale : «Discours d'Osiris qui réside dans l'Amenti. Il fait que ton âme vole, ô Osiris Pouboumeh, fils de Ankh-Hor . . . .».

H o,46.

3o3 — Statue funéraire mummiforme. Une ligne d'hiéroglyphes peu lisibles est tracée en avant, une autre en arrière «Discours d'Osiris d'Amkhit, dieu grand, maître de (Ro)-Sta; il donne une sépulture bonne et cachée à l'Osiris . . . .».

H o,3o.

3o4 — Statue funéraire mummiforme. Une ligne d'hiéroglyphes est tracée en avant : «Discours d'Osiris qui réside dans l'Amenti, dieu grand, maître de Ro-sta; il donne les aliments funéraires . . . . . une bonne sépulture à . . . . .».

H o,41.

3o5 — Statue funéraire mummiforme. Deux lignes d'hiéroglyphes sont tracées, l'une par devant, l'autre par derrière : «Discours de la féale d'Osiris qui réside dans l'Amenti. Il donne les aliments funéraires, bœufs, oies, toutes choses bonnes, onguents, tissus (toutes choses) pures et agréables dont vit un dieu au double (Ka) de l'Osiris, de la féale Ta-Khet-af, juste de voix».

H 0,34.

306 — Statue funéraire montée sur un socle.

Cette statue mummiforme a la tête surmontée des deux cornes horizontales, du disque doré et des deux plumes.

La face est dorée.

Par devant est tracée une ligne d'hiéroglyphes «[Shou] fils de Toum! tu donnes de prospérer et de sortir en âme d'Osiris au double (Ka) de l'Osiris, prophète de Montou, grand . . . Hor-res».

Au dos, inscription de deux lignes mutilées.

A l'avant du socle est un petit sarcophage surmonté de l'âme à tête d'épervier.

Deux barques sont peintes sur le couvercle demi-cylindrique : à gauche la barque porte l'image de Khoumou ou de Afou, à droite celle de Khopri. Un tat est peint sur chacun des côtés, une boucle à l'avant.

Enfin, à l'arrière est un tat, le signe du ciel et le disque accosté des deux uræus. Le socle lui-même est orné de signes montés sur des.

Une ligne d'hiéroglyphes est tracée sur le plan supérieur : «Shou, fils de Toumou. Je te donne de prospérer . . . . . et sortir».

H tot. 0,72.

307 — Statue funéraire ayant appartenu à l'Osirienne, dame de maison, *ahebit* de Minou.

Les ahebitou étaient des mimes, des baladines souvent représentées et se livrant à des danses très vives.

Au dos, est un commencement de proscynème à Ra-Hor-Khouti.

H 0,38.

308 — Statue funéraire mummiforme, primitivement peinte.
La face est dorée.

H 0,15.

309 — Statue funéraire. La face est dorée. Les hiéroglyphes sont
peu lisibles.

H 0,44.

310 — Statuette funéraire au nom de l'Osiris Aapou-Khrot-pa-
Khonsou.

Cette statuette est intéressante par l'inscription hiératique
de 8 lignes horizontales reproduisant le Chapitre VI avec de
notables variantes.

Voir la vignette.

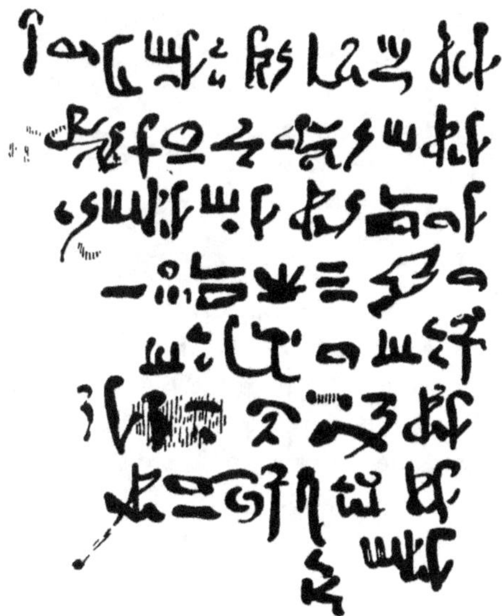

N° 310.

H 0,18.

311 — Statuette funéraire portant une inscription de 9 lignes horizontales :

Cette inscription nous a paru digne d'être citée en entier.

Les titres nombreux de Thotimès, ainsi que les variantes intéressantes apportées à la rédaction du Chapitre VI du Livre des Morts sont à remarquer.

H 0,18.

312 — Statuette funéraire au nom du scribe royal, préposé aux juments du maître des deux mondes, Arothu.

Une inscription de quatorze lignes horizontales contenant le Chapitre VI du Livre des Morts est finement gravée.

Les mains ne sont pas indiquées sur la poitrine.

Jolie tête.

H 0,22.

313 — Pa-khet. Statuette funéraire portant le Chapitre VI gravé en 8 lignes horizontales. La formule d'illumination est au dos, gravée verticalement.

Traces de peinture à la figure. Hiéroglyphes gravés en creux, puis remplis primitivement de couleur noire.

H 0,25.

314 — Pectoral funéraire en forme de pylône au centre duquel est incrusté un scarabée d'émail vert.

Un fragment du Chapitre du Cœur est gravé sous le plan
inférieur du scarabée.

Cette amulette a appartenu à l'Osiris 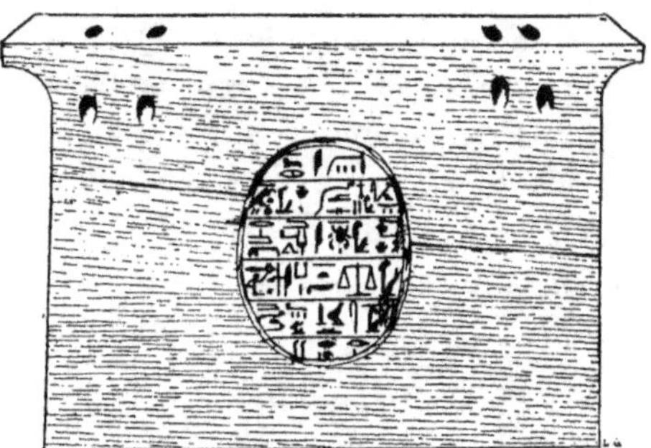 ...... s-
nofré, juste de voix.

Voir la vignette.

N° 314.

Quatre trous percés au haut de ce pectoral donnaient pas-
sage à des liens de suspension.

H 0,095.

314 ^(bis) — Statue d'un personnage de la xviiie dynastie qui tient devant
lui une image d'Osiris. Cet homme porte la perruque cannelée et la shenti longue et plissée qui s'élargit par devant
en un tablier triangulaire ; ses pieds sont chaussés de sandales. La bandelette qui serre la coiffure est fort curieuse.
Elle nous montre ce qu'étaient ces statues incrustées si chères
aux Égyptiens. Sa décoration a été obtenue au moyen de
cabochons d'émeraude et de grenat alternés, qui forment le
dessin bien connu : ‾IIII‾ ‾IIII‾ ‾IIII‾

Le bas de la statue a souffert.

H 0,54.

IVOIRE.

315 — **Nageuse.** Fragment d'une cuiller à parfums composée d'une main tenant une coquille, et d'une jeune fille nageant dans cette coquille. De la main gauche, la jeune fille tient trois fleurs de lotus dont l'une se relève épanouie. Un gros poisson est attaché à son bras droit.

Voir la vignette.

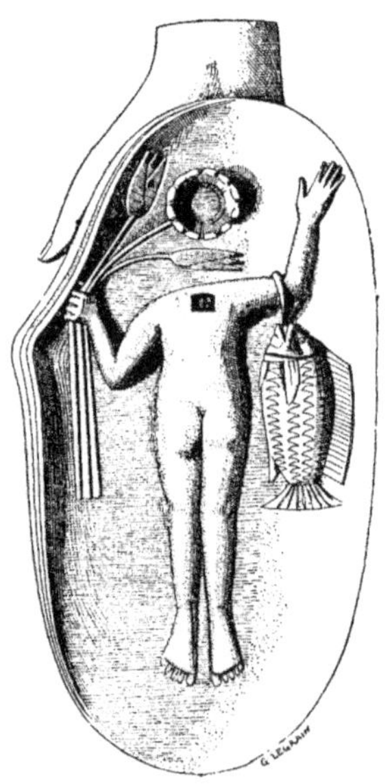

N° 315.

Elle tenait la tête hors de l'eau et nageait des bras seulement.

Long. 0,09.

316 — Tube à antimoine portant sur le plan antérieur une figurine de
    femme nue.

    H 0,11.

317 — Femme debout, entièrement nue, les bras pendant le long du
    corps.

    Elle porte la coiffure longue et ondulée, ornée d'une
    bandelette.

    Un objet indéterminé (un oiseau) est aux pieds de cette
    femme. Bas-relief.

    H 0,16.

318 — Femme entièrement nue, debout, les bras pendant le long du
    corps.

    Elle est parée d'un collier et coiffée de la perruque ronde
    et frisée.

    H 0,07.

CARTONNAGES ET CUIRS.

319 — Tête et coiffure d'un cartonnage de momie. La face est dorée; les sourcils et les paupières sont en verre bleu, la sclérotique en verre blanc et la pupille en verre noirci, ayant des reflets verts.

Le claft est peint et entouré d'une bandelette rose se nouant par derrière. Cette bandelette est ornée de cinq boules dorées et d'un oudja (disparu).

A gauche et à droite, sur le claft, sont peintes deux déesses (Isis et Nephtys), qui étendent leurs ailes. En avant, sur les retombés de la coiffure, sont encore Isis et Nephtys faisant le geste de la lamentation.

Elles sont accompagnées de quatre personnages mummiformes, debout, et de dix autres assis, tenant une fleur de lotus à la main.

Enfin, au dos, se voit une jeune femme portant une perruque ronde et cannelée, les bras pendants.

Cartonnage fait d'étoffes superposées et enduites. — H 0.42.

320 — Tête et coiffure d'un cartonnage de momie. La face est dorée, les yeux peints en noir et blanc. Le claft est bleu.

Un collier de dix rangs couvre la poitrine de ce personnage.

Cartonnage composé de quatre étoffes superposées et enduites. — H 0,60.

321 — Sandales de femme. Cette jolie chaussure est composée d'une semelle de cuir blanc, matelassée de paille menue.

Des deux côtés partent de larges bandes de cuir qui vont se réunir au dessus du pied. De là, part un double cordon de cuir qui retourne s'insérer dans la semelle entre le premier et le second orteil.

Deux pièces.

Cuir blanc. — Long. 0,24.

MOMIES ET ETOFFES DE MOMIES.

322 — Chat momifié. L'animal sacré a été enserré étroitement dans une sorte de gaîne cylindrique recouverte par une bandelette très étroite enroulée soigneusement du haut jusqu'au bas.

La tête, seule, émerge. Les oreilles sont droites, très hautes. Les yeux sont indiqués par des ronds d'étoffe, les moustaches par des bandelettes horizontales.

H 0,55.

323 — Momie votive à tête d'épervier.

Cette momie ayant été brisée aux genoux, on peut examiner la composition de cette curieuse pièce.

C'est d'abord un noyau résineux dans lequel sont mélangés différents objets, voire même un morceau de terre cuite.

Ce noyau est enveloppé de fines bandelettes horizontales. Ces bandelettes sont elles-mêmes recouvertes d'étoffes qui se superposent jusqu'à l'enveloppe extérieure.

Celle-ci est fine. Le claft et le collier qui couvrent cette momie sont soigneusement exécutés au moyen de tresses rouges et bleues qui sont rangées les unes à côté des autres.

La tête est en cartonnage peint.

H 0,40.

324 — Momie votive à tête royale coiffée du claft orné de l'uræus.

Cette petite momie paraît composée d'une façon analogue à la précédente.

La tête est en cartonnage peint. L'uræus et le collier pectoral sont dorés. Les raies du claft sont bleues et rouges.

Cette momie est brisée aux genoux. — H 0,34.

325 — Linceul d'enfant. Cette étoffe est entièrement couverte de peintures funéraires semblables à celles qu'on peignait d'habitude sur les cercueils.

Le défunt, Minoumestsenou, est au centre, vêtu du maillot funèbre, la face dorée.

Deux âmes sont perchées sur ses insignes osiriens.

A droite et à gauche, deux déesses (dont l'une est nommée l'habilleuse divine) étendent leurs ailes vers la face du mort.

D'autres divinités s'approchent aussi du défunt : Shou et Nouit, Sibou, prince des dieux, et Nit, la dame du ciel, Atoumou et Selqit; Thot enfin, est affronté avec une déesse au nom peu lisible, Maït probablement.

Dix tableaux s'étagent autour du défunt.

A sa gauche :

1° Nouit sort de son sycomore pour allaiter le défunt.

2° Osiris est assis tandis que les Mesou-Hor émergent d'une fleur de lotus placée devant lui.

3° Ra s'assied sur les replis d'un serpent sur la tête duquel il pose le pied. Sebek est devant le dieu et lui tourne le dos.

4° La grande dévoreuse et Ari-hos-nofir.

5° Le pèsement du cœur.

A sa droite :

1° Un épervier perché sur le ⌐⌐⌐.

2° Khnoumou et Ari-hos-nofir tenant le signe des panégyries.

3° Le défunt amené par Anubis devant Osiris.

4° La grande dévoreuse et Bisou tenant deux serpents.

5° La vache hathorienne est accroupie derrière le défunt.

Tous ces tableaux sont encadrés dans une inscription hiéroglyphique.

Voir la vignette, p. 100.

Toile. — H 1 m., larg. 0,85.

326 — Linceul de momie, en deux morceaux.

La tête et l'épaule droite manquent.

Cette étoffe, ainsi que la précédente est couverte de peintures funéraires fort intéressantes.

On voit sur le maillot de la momie :

1º Osiris accosté d'Isis et de Nephtys. Thoti est à gauche récitant les formules.

2º Osiris en compagnie de Shou et Tafnouit, de Sibou et de Nouit.

3º Anubis prenant soin de la momie en compagnie d'Horus et de Thoti.

4º Le défunt ressuscité, couronné du disque. Deux cynocéphales l'adorent.

En dessous, sont deux sandales ornées de scorpions.

Dix-huit tableaux sont peints aux côtés du mort :

A sa droite :

1º La barque portant l'𓂀 dans le disque.

2º Shou, le vieillard vert et Hou allant vers la tête du défunt.

3º Le défunt présente un Horus momifié à une tête humaine émergeant d'un lotus.

4º Il adore Osiris. Un disque épand ses rayons au centre.

5º Il adore à nouveau Osiris hiéracocéphale. Les quatre Mesou-Hor l'accompagnent en cette occurrence.

6º Pèsement du cœur en présence d'Osiris et de la grande dévoreuse.

7º Nouit sort du sycomore et abreuve le défunt.

8º Djefaou marche vers le défunt. Six animaux momifiés sont derrière lui.

9º Deux naos renferment Amsit et Hapi. Celui d'Hapi est gardé par deux chacals, celui d'Amsit par deux serpents.

A sa gauche :

Les deux tableaux supérieurs manquent.

3º Le défunt est amené par Anubis devant Osiris.

4º Même sujet. Un disque épand ses rayons au centre du tableau.

N° 325.

N° 326.

5º Osiris est adoré par le défunt. Les Mesou-Hor se dirigent vers le dieu, portant des signes : ⌇ avec têtes de déesses. Ainsi Tioumaoutf porte Isis, Kabhsonouf Nouit, Amsit Selkit léontocéphale et Hapi Nephtys.

6º Anubis et Maït amènent le cadavre du mort devant Osiris. Le défunt est vu de face, nu, décharné, levant les bras au ciel. On sait combien sont rares les représentations de ce genre.

7º Le défunt présente une momie léontocéphale à Osiris. Le dieu est accroupi sur un lit en forme de lion.

Trois couronnes sont entre les pattes de l'animal.

Un arbre est entre le dieu et l'homme; un épervier, une âme et un corbeau (?) y sont perchés, regardant Osiris.

8º Tableau symétrique à celui de droite.

9º Le naos de Kabhsonouf est gardé par deux chacals jaunes, celui de Tioumaoutf par deux béliers.

A gauche, le défunt lève les mains vers une momie placée debout.

Cet ensemble de représentations est encadré dans un texte hiéroglyphique.

Voir la vignette, p. 101.

Toile. — Long. 2,10, larg. 1,12.

TISSUS ET TAPISSERIE.

327 — Étoffes de momie sans peintures.

328 — Étoffe ornée de tapisserie.

> Long. 1,50, larg. 1,30.

329 — Tapisserie copte à fond rouge, composée d'une bande à ornements géométriques et d'une frise à sujet répété cinq fois
avec variation alternante : une double palme entourant un
vase de fleurs accosté de deux oiseaux.

> Long. 0,73, H 0,17.

330 — Broderie copte rehaussée de noir dans les vides laissés par la
trame. Le sujet est composé de cercles tangents bordés par
deux bandes à méandres doubles.

Différents sujets se voient dans les cercles : 1º des sandales,
2º un lion, 3º un homme debout et de face, 4º un lièvre,
5º un arbre, 6º un lion, 7º un homme.

> Long. 0,57, H 0,32.

331 — Bande de tapisserie copte ornée des signes ☥, hiéroglyphes du
mot *vie*, et de petites croix.

Le centre des signes ☥ est orné de couronnes de fleurs
entourant un signe ✠ ou ☥ auréolé de rouge et de jaune.

Une bande, cousue latéralement, porte la légende ΑΠΟΛΛΩΝ
ΙΕΡΑΝ ΠΑΝΟΔΩΡΟϹ —ϙ

On lit encore à la partie supérieure : ΤΟΥ et ΟΥΘΟϹ, puis
ΤΩ ΙΕΡΩ ΚΟΡΝΟΥΘΟϹ

Long. 0,82, H 0,22.

332 — Bande de tapisserie à sujet horizontal répercuté en hauteur.
C'est une scène de chasse dans laquelle un homme armé d'un
épieu attaque un lion, tout en faisant fuir un cerf. Un archer,
abrité derrière un arbre, vise un autre lion. Enfin, un cava-
lier, armé d'un épieu et suivi d'un chien, va vers la droite.

Fond vert, sujets en rouge. — Long. 1,15, larg. 0,37.

OR ET ARGENT.

333 — Thoti portant un *oudja* devant lui. Le dieu ibiocéphale a le disque et le croissant lunaires posés sur la tête.

Très belle pièce, finement ciselée.

Voir la vignette.

N° 333.

Or massif. — H 0,04.

334 — Thoti ibiocéphale, marchant; les bras tombent le long du corps. Le dieu d'Hermopolis porte le claft surmonté du disque et du croissant lunaires; il est vêtu de la shenti.

Voir la vignette, p. 106, *et planche* XXVI.

Argent. — H 0,10.

335 — Roi faisant une offrande. Belle statue d'un roi jeune, à figure un peu pleine, au nez busqué, aux larges oreilles.

14

Le souverain fait une offrande à un dieu. De la main gauche, qu'il élève devant lui, il tient la statuette de la Vérité *Maït* posée sur le signe *neb*.

N° 334.

Ce personnage est coiffé du casque de guerre orné de l'uræus. La shenti entoure ses reins.

Nous supposons que le nom de ce roi pourrait être inscrit sur la boucle de ceinture en forme de cartouche.

Cette statue a été plaquée d'or au casque, à la shenti et à l'offrande.

Voir la vignette, p. 107.

Argent massif plaqué d'or par endroits et recouvert d'une belle patine verte. — H 0,162.

Nº 335.

336 — Nofir-Toumou debout, marchant. Le dieu est barbu, coiffé du
claft (orné de l'uræus) et vêtu de la shenti.

La tête est surmontée des insignes du dieu : la fleur de
lotus épanouie, les deux ménats et les deux plumes verticales.

Une inscription démotique court autour de la base.

Très belle pièce, finement ciselée.

Planche XXVI.

Argent massif. — H 0,195.

337 — Nofir-Toumou. Le dieu marche les bras pendants.

Il a la tête coiffée du claft et surmontée de ses insignes
habituels : la fleur de lotus, les quatre plumes droites et les
deux ménats à gauche et à droite.

Nofir-Toumou est barbu et porte l'uræus. Il est vêtu de
la shenti.

Une inscription démotique fruste court autour de la base,
tandis qu'un autre texte de deux lignes (dont nous donnons
ici le fac-simile) est gravé en dessous :

N° 337.

Argent massif. — H 0,19.

338 — Nofir-Toumou marchant. Le dieu est barbu, coiffé du claft
orné de l'uræus.

La tête est surmontée des insignes ordinaires : la fleur de
lotus, les quatre plumes droites et les deux ménats.

Sous la base est gravée une inscription hiéroglyphique en
deux lignes verticales. On ne distingue guère que le souhait:
«donne la vie».

Argent massif. Socle de peluche rouge. — H 0,10.

Nº 337.

339 — Horus hiéracocéphale, debout, marchant. Le bras gauche est
ramené sur la poitrine, poing fermé. Le dieu est coiffé du
claft surmonté du pschent, et vêtu de la shenti.
Le claft et la shenti sont plaqués d'or ou d'électrum.
Belle pièce.
Planche XXVI.

Argent. — H 0,16.

340 — Horus debout, marchant, les bras le long du corps. La tête est
surmontée du disque et du croissant.

Argent massif. — H 0,06.

341 — Osiris debout, coiffé de l'atef.

Argent. — H 0,055.

342 — Maït. La déesse de la vérité est accroupie. La plume qui sur-
montait sa tête et l'anneau de suspension ont disparu. Un
petit texte est gravé sous le plan inférieur.
Bon travail.

Voir la vignette, p. 111.

Argent plaqué. — H 0,043.

343 — Sokhit. La déesse léontocéphale est debout; les bras pendent.
La tête est surmontée du disque orné de l'uræus.

Argent. Socle de velours rouge. — H 0,06.

344 — Khonsou accroupi, mummiforme, la tête surmontée du disque.
Cette petite statue est posée sur un socle quadrangulaire
se terminant en gorge égyptienne ornée d'émail bleu. Ce
socle est brisé par la base.

Jolie pièce entièrement plaquée d'argent. Socle de velours rouge.
— H 0,055.

345 — Bisou debout, brandissant un sabre.

Argent. — H 0,035.

346 — Amon coiffé du bonnet et des plumes droites.

Argent. — H 0,06.

N° 342.

BRONZE.

I.

LES DIEUX ET LES DÉESSES.

347 — Grande statuette d'Horus, à corps humain et à tête d'épervier. Le dieu se présente debout, dans l'attitude de la marche, la jambe gauche portée en avant. Il a pour coiffure le claft et le pschent à l'uræus, pour parure un collier, pour vêtement un pagne rayé, noué autour des reins, et dont la pointe découpée retombe en ruban sur le devant. Le torse est nu; le bras droit s'étendait horizontalement, peut-être appuyé sur une lance; le bras gauche s'abaisse, et la main gauche, dont les doigts sont fermés, tenait quelque symbole.

Ce bronze est remarquable par son style et la vigueur du modelé; «la tête d'oiseau s'ajuste au buste d'homme avec une sûreté surprenante» (MASPERO, *L'Archéologie égyptienne*, p. 293). Complète, la figure mesurait 55 centimètres, et ces dimensions considérables la distinguent absolument des petites statuettes en bronze, destinées plutôt à la dévotion privée qu'à un sanctuaire public.

L'épervier symbolisait la renaissance du dieu sous la forme du soleil levant.

Voir la vignette, p. 113, *et planche* XXVII.

Le bras droit avec le coude et les jambes avec les genoux manquent. — Patine verte. — Socle en jaune de Sienne. — H 0,42.

Nº 347.

348 — Osiris debout, coiffé de l'atef.

Le dieu mummiforme sort les deux mains de son enveloppe funèbre. Il tenait deux sceptres.

Les plumes de l'atef ont disparu.

Socle de jaune de Sienne. — H 0,22.

349 — Osiris debout. Le dieu est barbu et porte la couronne
blanche ornée de l'uræus.

Voir la vignette, p. 115.

Socle de velours rouge. — H 0,195.

350 — Osiris debout.

H 0,135.

351 — Osiris assis. Le dieu coiffé de l'atef tient le pedum et le flagellum. L'uræus frontal, les yeux, la barbe tressée, le collier
qui couvre la poitrine, les bracelets et les insignes osiriens
sont niellés d'or.

Très belle patine. — H 0,35.

352 — Isis allaitant Horus.

Isis est coiffée du claft surmonté de la couronne d'uræus,
des cornes et du disque. Le claft est recouvert du vautour
aux ailes étendues.

La tête du vautour et deux uræus se dressent sur le front
de la déesse.

Horus manque.

Planche XXVIII.

Les yeux sont plaqués d'argent. — H 0,33.

353 — Isis allaitant Horus.

La déesse mère porte le claft orné de l'uræus surmonté de
la couronne d'uræus, des cornes et du disque.

Horus est coiffé du serre-tête à uræus et porte la mèche
juvénile.

H 0,17.

354 — Isis-Selkit, déesse à corps de scorpion et à tête humaine.

Isis porte le claft, la couronne d'uræus surmontée des cornes et du disque.

Planche XXIX.

Long. 0,07.

N° 349.

355 — Égide à tête d'Isis. Isis porte le claft orné de l'uræus et des cornes surmontant la couronne d'uræus (le disque a disparu).

Les deux extrémités du collier sont cantonnées de têtes d'épervier. Une rangée d'uræus est gravée sur la partie supé-

15*

rieure du collier, ainsi que d'autres ornements courant dans la partie circulaire.

Enfin, au centre, une déesse agenouillée étend ses ailes.

H 0,37, larg. 0,31.

356 — Tête d'Isis ou de Maout coiffée du claft recouvert du vautour. A l'avant se voient la tête du vautour et deux uræus dont la tête est surmontée du disque et des cornes.

Le claft est surmonté d'une couronne cylindrique.
Planche XXX.

H 0,15.

357 — Hathor, marchant, le bras gauche tendu en avant. La déesse porte le claft recouvert du vautour et orné de l'uræus. Cette coiffure est surmontée des insignes hathoriens : la couronne d'uræus, le signe ⬭ *neb* sur lequel est posé un petit édicule où l'on voit un uræus.
Planche XXXI.

Socle de jaune de Sienne. — H 0,19.

358 — Horus ou Khonsou enfant. Le jeune dieu est debout, entière-ment nu. Il est coiffé du pschent et porte la mèche juvénile.

H 0,135.

359 — Horus enfant marchant, entièrement nu et portant la main droite à la bouche.

Le jeune dieu est coiffé du claft orné de l'uræus. Il a la tête surmontée de la couronne d'uræus et de la coiffure ⚏ ornée de six uræus (dont deux manquent).
Planche XXXII.

Joli bronze. Socle de marbre rouge. — H 0,13.

360 — Horus enfant, assis, porte l'index de la main droite vers la bouche. Le jeune dieu est entièrement nu et porte la mèche juvénile. Il est coiffé du claft rayé, orné de l'uræus et sur-monté de l'insigne ⚏

H 0,25.

361 — Horus enfant, debout, portant l'index de la main droite à sa
     bouche. Le jeune dieu porte la mèche juvénile, le claft et la
     coiffure [illegible]

Socle de jaune de Sienne. — H 0,18.

362 — Horus piquier. Le dieu hiéracocéphale est représenté au mo-
     ment où il transperçait un hippopotame.

De sa main droite levée, Horus frappait avec la lance,
tandis que de sa gauche, tendue en avant, il tenait les chaînes
qui enserraient l'animal typhonien.

Horus est vêtu de la shenti, et porte le claft surmonté du
pschent orné de l'uræus.

Planche XXXI.

Joli bronze. Socle de jaune de Sienne. — H 0,175.

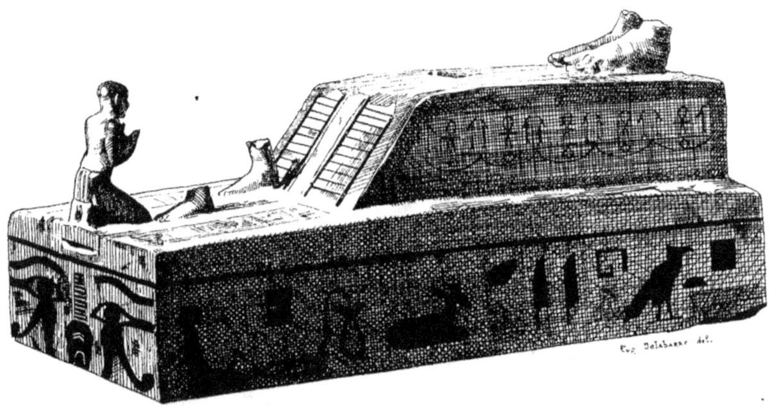

Nᵒ 365.

363 — Trône supporté par deux lions debout, marchant. Sur le dossier
     se dresse un vautour étendant ses ailes en signe de protection.

Deux éperviers sont à droite et à gauche à l'extrémité des
accotoirs. Ces sièges servent à asseoir les statuettes d'Horus
enfant.

Une inscription hiéroglyphique court autour de la base.

A gauche : [hieroglyphs] *(sic)*

[hieroglyphs]

A droite : [hieroglyphs] *(sic)*

«Paroles d'Hor-hekaou, il donne vie, santé, durée, vieillesse grande et heureuse au féal de Hekaou, Hor-nofré, fils de Djot-amon, enfanté par la dame Mou-isit.»

«Discours de Hekaou. Il donne toute vie et santé à Khonsou-men, fils d'Hor-nofré.»

La tête du vautour est brisée. — H 0,17.

364 — Ra hiéracocéphale, debout, marchant. Le dieu est coiffé du claft surmonté du disque et de l'uræus.

Planche XXXII.

Socle de marbre gris. — H 0,105.

365 — Socle ayant supporté trois statues divines adorées par un personnage à genoux.

La perfection du travail de cette pièce doit nous faire regretter sa mutilation.

Le dieu principal a disparu. Isis (dont il reste les pieds entourés d'un anneau niellé d'or) était derrière lui et le protégeait.

Ces deux personnages sont montés sur un socle à biseau, sur la face antérieure duquel était pratiqué un double escalier indiqué par des niellures d'or. Sur les côtés sont les signes [hieroglyph] et [hieroglyph] incrustés avec le même métal.

Enfin, derrière, sont les deux scorpions [hieroglyph] et [hieroglyph].

Au bas de ce premier socle était le petit dieu Khonsou. C'est à ses pieds que se trouve l'adorant, levant les deux mains et à genoux.

Inscription de droite : [hieroglyphs] «Isis donne la vie à Ta-amen-ap . . . .».

Inscription de gauche : [hieroglyphs] «Khonsou . . . .».

Le devant du socle est occupé par les hiéroglyphes de bonne protection :

L'inscription suivante court autour de la base :

«Paroles d'Osiris Horus Isis, dieu grand, maître du ciel : Don de toute vie et santé à . . . Ta-hi, fils de Fuapit».

Voir la vignette, p. 117.

Bronze niellé d'or. — H 0,11, long. 0,18.

366 — Socle d'une statue d'Horus.

La partie supérieure de cette jolie pièce est décorée de fleurs de lotus en argent découpé et plaqué. Ces fleurs semblent couchées sous les pieds du dieu.

A l'avant se trouve cette ligne d'hiéroglyphes : «Harpocrate le grand, l'aîné d'Amon protége la divine adoratrice Neït-aqer, vivante».

Une autre inscription est gravée sur les quatre tranches.

«Harpocrate le grand, l'aîné d'Amon. Il donne vie, santé, force, douceur de cœur . . . chaque jour au scribe Am-Khent de la divine adoratrice, Hor-se-isit, fils de l'Am-Khent de la divine adoratrice Arit-n-âb».

XXVIᵉ dynastie.

Voir la vignette, p. 120.

Long. 0,05, haut 0,013.

367 — Triade d'Osiris, d'Isis et d'Horus enfant.

Socle de marbre. — H 0,12.

368 — Anubis debout, en marche, le bras gauche tendu en avant.

Le dieu est coiffé du claft et vêtu de la shenti.

Planche XXXIII.

Socle de velours rouge. — H 0,155.

369 —- Anubis assis.

H 0,12.

370 — Kabhsonouf hiéracocéphale, le genou droit en terre.
Planche XXXIV.

Socle de jaune de Sienne. — H 0,211.

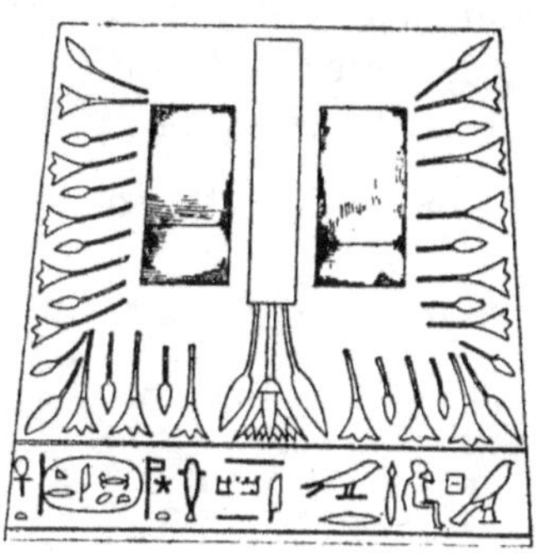

N° 366.

371 — Ptah. Le dieu «à la belle face» est debout, mummiforme. Il tient le sceptre formé des signes *ankh, tat, ouas* Belle statue.

Planche XXVIII.

Bronze doré. Les yeux sont incrustés d'émail. Socle de jaune de Sienne. — H 0,305.

372 — Ptah debout, tenant le sceptre *ouàs*.
Une petite inscription est gravée sur le socle : »Ptah donne la vie à Imhotpou, fils d'Hapi . . .».

Socle de jaune de Sienne. — H 0,165.

373 — Ptah debout. Un collier, finement gravé, couvre la poitrine du dieu. La ménat retombe dans le dos.

Ptah tient devant lui le sceptre à tête de lévrier et le signe ☥ *ankh* dans la main gauche.

La statue est montée sur le socle à biseau *ma*.

Les yeux sont plaqués d'argent.

Bonne pièce finement gravée.

Socle de marbre rouge. — H 0,18.

374 — Ptah debout, mummiforme, à barbe carrée. Le dieu tient le sceptre à tête de lévrier devant lui.

Il est monté sur le socle à biseau.

Socle de marbre rouge. — H 0,095.

375 — Tête de Ptah ou d'Imhotpou.

Très jolie pièce.

Planche XXIX.

Les yeux sont plaqués d'electrum. — H 0,03.

376 — Sokhit assise, coiffée du claft.

Belle pièce.

Les bras manquent. — Socle de velours rouge. — H 0,36.

377 — Sokhit léontocéphale, debout; les bras pendent le long du corps. La tête est surmontée du disque et de l'uræus, la gorge parée d'un collier niellé d'or.

Socle de jaune de Sienne. — H 0,21.

378 —  Statuette de «Sokhit, la grande amante de Ptah donne la vie à Hor-nakht, fils de Atoumou-taf-nakht, enfanté par Ani».

Sokhit est debout, vêtue d'une tunique collante.

Sa tête de lionne est surmontée du disque orné de l'uræus.

Planche XXXIV.

Socle d'albâtre. — H 0,20.

379 — Sokhit debout, marchant. La déesse léontocéphale a la tête surmontée du disque orné de l'uræus.

Socle de marbre rouge. — H 0,09.

380 — Bastit debout, vêtue d'une tunique collante à raies verticales. La déesse à tête de chat tient une égide de Sokhit dans la main gauche.

Le scarabée est gravé sur le crâne de la déesse.
Planche XXXII.

H 0,14.

381 — Bastit. Statuette de basse époque. La déesse porte le panier, l'égide et un branchage.

H 0,11.

382 — Nofir-Toumou, debout, marchant.

Le dieu porte la barbe et le claft orné de l'uræus.

Il tient le sceptre ⸙ dans la main droite.

Sa tête est surmontée de la fleur de lotus épanouie, accolée des deux ménats.

Une déesse léontocéphale est gravée sur la partie carrée de chacun de ces insignes.

Une inscription dédicatoire court autour de la base: «Bastit-Nofir-Toumou donne la vie à Pet-n-nofir-hotpou-pe-ka-resh, fils de Ptah-iritis . . .».

Planche XXVIII.

Les yeux sont plaqués d'or. La barbe porte encore deux niellures du même métal. La fleur de lotus a été émaillée. — H 0,37.

383 — Nofir-Toumou, debout, marche en tenant le sceptre ⸙ dans la main droite.

Le dieu porte ses insignes habituels : la fleur de lotus épanouie, les deux plumes droites et les deux ménats latérales.

Les yeux sont plaqués d'argent. Les pieds sont brisés. — Socle de velours rouge. — H 0,21.

384 — Nofir-Toumou, debout, marchant. Le dieu est vêtu de la shenti, barbu, coiffé du claft orné de l'uræus et surmonté de la fleur de lotus épanouie, des deux ménats latérales et des deux plumes droites.

Nofir-Toumou porte la khopesh dans sa main droite.

Socle de marbre rouge. — H 0,17.

385 — Imhotpou assis, vêtu de la longue tunique plissée et coiffé du serre-tête. Le dieu tient un rouleau de papyrus déroulé devant lui.

Les yeux sont plaqués d'argent. — H 0,15.

386 — Imhotpou assis, tenant de ses deux mains un rouleau de papyrus déployé.

Le dieu est vêtu de la shenti longue et plissée; un collier couvre sa poitrine.

Il porte le serre-tête et est chaussé de sandales.

Son nom se lit sur le papyrus, c'est : «Imhotpou, fils aîné de Ptah».

Planche XXXII.

Joli bronze. Socle de peluche rouge. — H 0,13.

387 — Imhotpou assis, vêtu d'une shenti longue.

Le dieu tient un papyrus déroulé sur ses genoux. On y lit son nom : «Imhotpou, fils de Ptah».

Socle de velours rouge. — H 0,12.

388 — Bisou debout, les mains appuyées sur les jambes fléchissantes.

La peau de carnassier couvre la tête, les épaules et le dos du dieu.

H 0,075.

389 — Amon debout, marchant. Le dieu thébain est barbu, vêtu de
la shenti; un collier couvre sa poitrine. Amon a la tête couverte du bonnet évasé.

Le bras gauche est ramené sur la poitrine, le bras droit
tendu en avant.

Planche XXXIII.

Bronze doré. Socle de marbre rouge. — H 0,23.

390 — Amon ithyphallique.

Le dieu est debout, mummiforme, la poitrine recouverte
d'un collier.

A ses pieds sont deux têtes de lion tandis qu'un corps
d'oiseau part de ses épaules et va s'appuyer sur un petit
obélisque.

Une inscription de deux lignes est sous le plan inférieur
de cette statue. ▯ (?) Paroles d'Amon : «il donne vie, santé, force à Ankh-
Osorkon dit Hor-ankh (?)».

Voir la vignette, p. 125.

Le collier, le corps d'oiseau et les hiéroglyphes sont niellés d'or.
— H 0,08.

391 — Minou ithyphallique, debout, mummiforme. Il lève le bras droit
et tient la main derrière le fouet.

Le dieu porte la coiffure évasée ▱. Les yeux et le support de barbe sont niellés d'or.

Une inscription peu lisible est gravée sur la base : 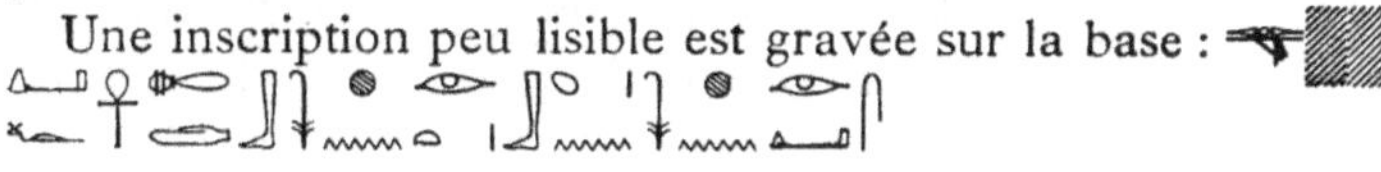

Socle de marbre. — H 0,19.

392 — Maout, debout, vêtue d'une tunique collante et tenant un sceptre
de la main gauche.

La déesse porte le claft recouvert du vautour et surmonté du pschent.

Planche XXXII.

Socle de velours rouge. — H 0,155.

N° 390.

393 — Maout. Pièce découpée, ciselée et niellée d'or sur les deux faces, affectant la forme d'une ménat.

A la partie supérieure est un buste de la déesse. Elle est de profil et porte le claft. Cette coiffure est ornée de l'uræus et d'une large bandelette.

Une couronne d'uræus est posée sur la tête.

Un collier, niellé d'or (ainsi que la coiffure que nous venons de décrire), couvre la poitrine.

En dessous, la plaque est découpée à jour.

Maout est vue en pied, debout, tenant un sceptre ⌠ de la main gauche.

Deux colonnes, à chapiteaux lotiformes sont à droite et à gauche de la déesse.

Enfin la partie ronde nous donne les titres de Maout.

C'est «Maout, la régente des dieux, la régente des deux mondes».

Deux uræus, l'un couronné et l'autre sont à droite et à gauche.

Voir la vignette.

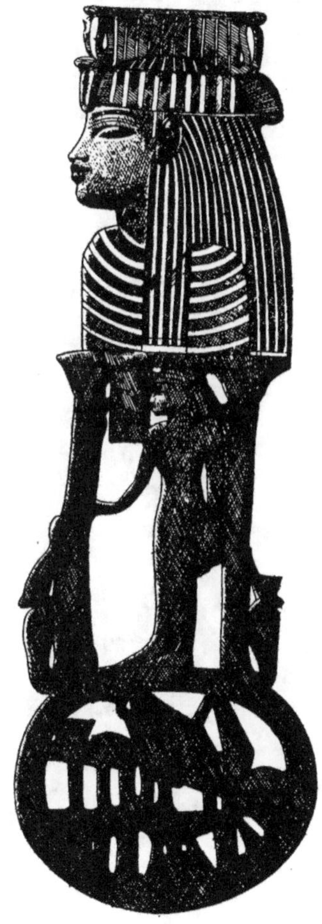

Nº 393.

H 0,17.

394 — Ménat ⚲ surmontée d'une tête d'Hathor et ciselée sur ses deux
faces.

Hathor, en forme de vache couronnée du disque, passe
dans un champ de roseaux. Ce tableau est gravé dans
l'extrémité circulaire.

La déesse est représentée sous sa forme humaine dans le
rectangle central. Elle est debout et tient un sceptre.

H 0,16.

395 — Khonsou debout, entièrement nu, portant la main droite à la
bouche.

Le jeune dieu porte la mèche des enfants. Il est coiffé du
serre-tête orné de l'uræus.

Voir la vignette.

N° 395.

Ses insignes sont multiples; ce sont : le croissant lunaire et le disque surmontés de l'atef. Une tête d'ibis est à la base de cet emblême.

Socle de jaune de Sienne. — H 0,115.

396 — Khnoum debout; le bras gauche, qui tenait un sceptre, est tendu en avant.

Le dieu criocéphale est vêtu de la shenti et coiffé du claft surmonté de la mitre accolée des deux plumes recourbées.

Cette mitre s'épanouit, à son extrémité supérieure, en une fleur d'où émerge une boule.

Un disque plaqué d'or est à la base de ces insignes.

Khnoum porte deux paires de cornes : l'une ascendante, l'autre horizontale.

Belle pièce.

Planche XXXIV.

Socle de jaune de Sienne. — H 0,215.

397 — Khnoum. Le dieu criocéphale est debout, marchant. Il est coiffé du claft surmonté de l'atef avec uræus.

Socle de marbre rouge. — H 0,085.

398 — Plaque portant au haut les têtes de 1o Khnoum, couronné du disque solaire orné de l'uræus, 2o d'Osiris, coiffé de l'atef, et 3o d'Isis portant le claft surmonté de la couronne d'uræus, des cornes et du disque.

H 0,055.

399 — Nit marche, le bras gauche tendu en avant.

La déesse est coiffée de la couronne rouge dont le lituus est brisé en partie.

Deux uræus se dressent sur cette couronne.

Les yeux sont plaqués d'argent.

Une petite inscription dédicatoire (peu lisible) a éte gravée sur la base.

Planche XXXI.

Socle de marbre jaune. — H 0,28.

400 — Nit assise sur un siége cubique orné de moulures et d'un dossier. Elle tient le signe ☥ dans la main droite. Deux dieux juvéniles, Horus et Aroëris, sont debout à côté de la déesse. L'un porte le pschent, l'autre la couronne rouge.

Un petit adorant est agenouillé devant ce groupe et tient un vase devant lui.

Dédicace gravée sur la base : [hieroglyphs] «Nit donne la vie à Hor-m-Kheb, fils de Af, enfanté par Hapit».

Planche XXIX.

Socle de jaune de Sienne. — H 0,15.

401 — Ha-mehit assise. La déesse porte une perruque cannelée précédée de l'uræus. Au dessus est posée la couronne d'uræus surmontée du poisson silure à queue recourbée.

Voir la vignette, p. 130.

Socle de marbre rouge. — H 0,11.

402 — Ari-hos-nofir, léontocéphale, marchant. Le dieu porte l'atef sans cornes.

Planche XXXIII.

H 0,15.

403 — Thoti, tenant un vase ⦶ *qebh* de la main gauche, fait une libation. Le dieu ibiocéphale est debout, marchant. Il tient un petit objet indéterminé dans la main droite.

Planche XXXII.

H 0,11.

404 — Toumou debout, marche, le bras gauche tendu en avant.

Le dieu barbu porte la perruque ronde ornée de l'uræus et surmontée du pschent. Il est vêtu de la shenti.
Planche XXXIV.

Socle de jaune de Sienne. — H 0,18.

N° 401.

405 — Dieu panthée, ityphallique, à corps de femme, à pieds de lionne.

La tête est surmontée du pschent dont la couronne blanche a la forme d'une tête humaine.

Le bras droit qui était levé pour le geste de Minou est brisé.

Au dos de cette statuette se voient une tête de lionne et un corps d'oiseau.

Voir la vignette.

N° 405.

Socle de marbre rouge. — H 0,05.

406 — Naos divin à entablement orné d'uræus. La porte, par laquelle on pouvait apercevoir le dieu, est fermée à double verrou.

Les fenêtres des côtés nous montrent en découpé Isis et Nephtys étendant leurs ailes pour protéger un scarabée.

Cet édicule est recouvert d'un pavillon léger supporté par quatre colonnes.

La face antérieure est ornée du disque et d'une rangée d'uræus.

Un épervier est perché sur ce pavillon. Il a la tête surmontée du disque et de l'uræus.

Enfin les quatre fils d'Horus, les gardiens des points cardinaux, sont au pied des colonnes.

Ils sont à genoux, dans la posture : et protégent le dieu renfermé dans le naos.

Un génie (Amsit?) a disparu; une base de colonne est brisée.

Pièce curieuse.

Planche XXIX.

H 0,15.

407 — Plume ayant fait partie d'une coiffure atef. Deux tourillons latéraux servaient à maintenir cette plume dans la couronne blanche ⟨. A la base se voient : une uræus couronnée du disque, une corne horizontale et enfin un anneau où était suspendue une autre uræus.

Curieux travail d'incrustation imitant les raies de la plume.

H 0,29.

II.

LES ANIMAUX.

408 — Apis en marche, couronné du disque orné de l'uræus.

Un riche tapis couvre le dos de l'animal sacré.

Un disque ailé étend ses ailes sur le train antérieur; un vautour étend les siennes sur le train postérieur.

Un collier de fleurs de lotus est au cou de l'animal; le ⦚ est gravé sur le front.

Inscription autour de la base : [hiéroglyphes] (sic) [hiéroglyphes] «Hapi-Hor donne la vie à Psamé-tik, fils de Pet-osor et de la dame Tef».

H tot. 0,125.

409 — Vache marchant. Cet animal paraît avoir porté un insigne spécial entre les cornes. Quant au reste, rien ne vient déceler sa déification. Peut-être avons-nous là une représentation de la déesse Mehourit.

H tot. 0,16.

410 — Sphinx dressé sur ses quatre pattes.

La tête est barbue, coiffée du claft orné de l'uræus.

Elle est surmontée des grandes cornes, du disque orné de l'uræus, et enfin de deux plumes à nervure centrale qui se recourbent par en haut.

Une sorte de tablier couvre les pattes de devant.

Les yeux sont plaqués d'or.

Des sphinx semblables sont représentés à l'avant de la barque d'Amon.

Planche XXXV.

Socle de jaune de Sienne. — H tot. 0,065.

411 — Masque de lion.

Pièce décorative.

Socle de velours rouge. — H 0,05.

412 — Masque d'une tête de bélier.

Jolie pièce modelée très largement. Les yeux ont été incrustés.

Une petite barbiche carrée est indiquée sous le menton.

Planche XXX.

Socle de jaune de Sienne. — H 0,16.

413 — Cynocéphale accroupi, les mains posées sur les genoux.

H 0,03.

414 — Chat assis portant une égide au cou.

Une inscription hiéroglyphique court autour de la base :

«Noub-hotpou Bastit protége la vie de Hor, fils de Pe-ti-bastit. Sa mère est : Ta-ti-shahta».

H 0,35.

415 — Chat assis. La poitrine de cet animal est couverte d'un riche collier au bas duquel pend un *oudja*.

Un scarabée, agrémenté d'une queue d'oiseau, est gravé sur la tête.

Les yeux ont été peints en vert clair et en noir. Cette peinture a été recouverte par un fragment de quartz simulant la pupille.

Belle pièce.

Planche XXXVI.

Socle de marbre rouge. — H 0,34.

416 — Chat assis.

Cette jolie pièce est ornée de niellures d'or qui indiquent
un collier et le pelage de l'animal.

Un scarabée est représenté sur la tête. Traces de rouge.
Voir la vignette.

N° 416.

H 0,03.

417 — Tête de chat. Les oreilles sont percées et ont été ornées d'anneaux.

Le haut du corps est bien indiqué.

H 0,16.

418 — Tête de carnassier analogue à celle de la déesse Bastit.
Belle pièce.

H 0,155.

419 — Quadrupède en marché. Guépard (?).

H 0,025.

420 — Musaraigne.

Un vautour est gravé sur le dos de cet animal.

H 0,035.

421 — Ibis accroupi sur un petit édicule rectangulaire.

La déesse de la Vérité, Maït, est assise au bas de ce monument, tournée vers l'oiseau de Thoti.

Maït est coiffée du claft surmonté de la plume ⸗ et de l'uræus.

Sur la base commence l'inscription : «Thoti donne la vie à . . .».

Planche XXIX.

H 0,065.

422 — Tête et cou d'une statue d'Ibis.

Socle de velours rouge. — H 0,145.

N° 424.

423 — Épervier couronné du pschent orné de l'uræus.

La poitrine est parée d'un collier quadruple et les **yeux** sertis d'or.

Les pattes sont modernes.
Planche XXXVI.

Socle de marbre rouge. — H 0,30.

424 — Épervier monté sur un naos allongé ayant servi de reliquaire.
Cet oiseau est couronné du pschent.
Pièce bien ciselée.
Voir la vignette, p. 136.

H 0,12.

425 — Épervier. La poitrine est recouverte d'un collier. Les plumes
sont détaillées avec beaucoup de soin.

Beau bronze. — H 0,16.

426 — Épervier et poisson. Ces deux animaux ont la tête surmontée
du disque, des deux plumes droites et de l'uræus.
Le poisson a un bec crochu.
Voir la vignette.

N° 426.

H tot. 0,085.

427 — Poisson latus.

> Socle de velours rouge. — Long. 0,085.

428 — Deux uræus se dressant; la tête est surmontée du disque solaire.
Le renflement de la gorge était orné d'émaux.

> Traces de dorure. — H 0,05.

429 — Uræus dressé.

Pièce décorative qui a sans doute été posée sur un entablement, si l'on en juge par l'extrémité inférieure préparée pour une insertion.

Jolie pièce niellée d'argent et d'electrum.

> H 0,045.

III.

MONUMENTS CIVILS.

430 — Roi adorant, le genou gauche en terre.

Le pharaon est coiffé du claft royal rayé et orné de l'uræus.

Il ramène son bras gauche, poing fermé, vers sa poitrine, tandis qu'il lève le bras droit, dont le poing est aussi fermé.

Pièce intéressante.

Planche XXXV.

Socle de jaune de Sienne. — H 0,155.

431 — Roi debout, marchant.

Il étend les deux mains en avant et tient devant lui un cylindre creux de peu de hauteur.

Le roi est vêtu de la shenti et porte le claft rayé orné de l'uræus.

Socle de marbre. — H 0,15.

432 — Tête royale coiffée du claft orné de l'uræus.

Les yeux sont plaqués d'argent.

H 0,005.

433 — Bras d'homme portant la peau d'une panthère.

Intéressant par les niellures en cuivre qui indiquent les taches de la peau de l'animal.

Voir la vignette, p. 140.

H 0,14.

434 — Bras orné de deux bracelets, l'un près de l'épaule, l'autre au
poignet. Ces bracelets sont niellés d'or.

Long. 0,10.

435 — Sceau présentant le cartouche (⬡⬡⬡) en intaille et surmonté
du disque et des deux plumes.

Long. 0,04.

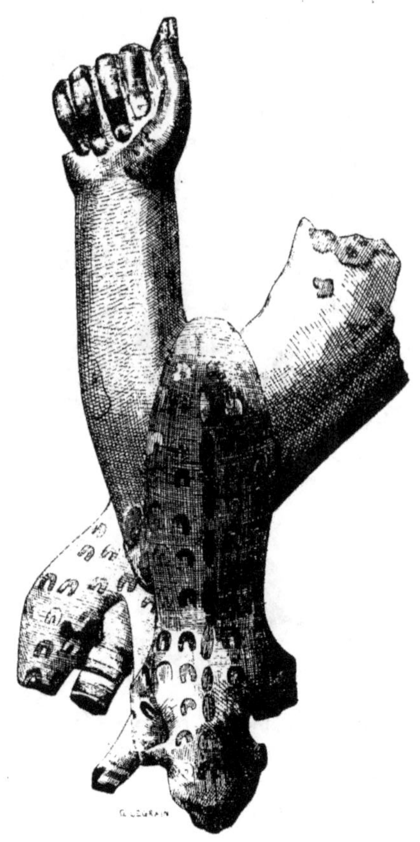

N° 433.

SUPPLÉMENT.

436 — Personnage agenouillé, dans la posture de l'offrande. Il présente une statuette de déesse accroupie portant sur la tête un ornement brisé accompagné d'un uræus, qui paraît être les restes de la plume ∬ emblème de la déesse Maït.

Voir la vignette.

N° 436.

Bronze. Socle de marbre rouge. — H 0,05.

437 — Nofir-Toumou. Le dieu est en marche, dans l'attitude ordinaire, et coiffé du claft surmonté de l'insigne complexe qui le caractérise.

Bronze. Socle de jaune de Sienne. — H 0,12.

438 — Isis, debout; le sommet de la tête couvert de la dépouille d'un vautour supporte le disque encadré par les cornes de vache. La déesse est représentée dans son rôle tutélaire; elle est munie de deux longues ailes fixées aux bras, qu'elle étend devant elle en signe de protection. Elle porte sur le dos, gravée au burin, la reproduction du plumage d'un vautour.

Planche XXXVII.

Bronze. Socle de marbre rouge. — H 0,16.

439 — Nekhabit, sous sa forme humaine, coiffée de la couronne blanche $\langle$. Elle est munie de deux ailes, dont l'une est ramenée le long du corps; l'autre est étendue en avant.

On a gravé sur le dos de la déesse le plumage d'un vautour, emblème attribué aux déesses protectrices.

Bronze. Socle de marbre rouge. — H 0,07.

440 — Nephthys, debout, les mains tombant le long du corps, coiffée de l'hiéroglyphe qui sert à écrire son nom :

Planche XXXVII.

Bronze. Socle de jaune de Sienne. — H 0,15.

441 — Horus hiéracocéphale, debout, un pied en avant, les bras étendus tenant un vase entre ses mains, fait une libation. Cette pièce curieuse rappelle la grande statue d'Horus libateur conservée au musée du Louvre.

Voir la vignette, p. 143.

Bronze. Socle de marbre rouge. — H 0,09.

442 — Khnoumou marchant. Le dieu porte l'atef muni des cornes.

Bronze. Socle de jaune de Sienne. — H 0,12.

443 — Dieu panthée criocéphale en marche. Il porte une couronne formée des cornes accolant un uræus, surmontées des plumes d'Ammon et du disque solaire, et tient un serpent (?) dans chacune de ses mains.

La partie postérieure de sa tête se termine par une tête de chacal. Une queue d'oiseau part de ses reins.

De chaque côté du socle, un serpent.

Voir la vignette, p. 144.

Bronze. Socle de jaune de Sienne. — H 0,17.

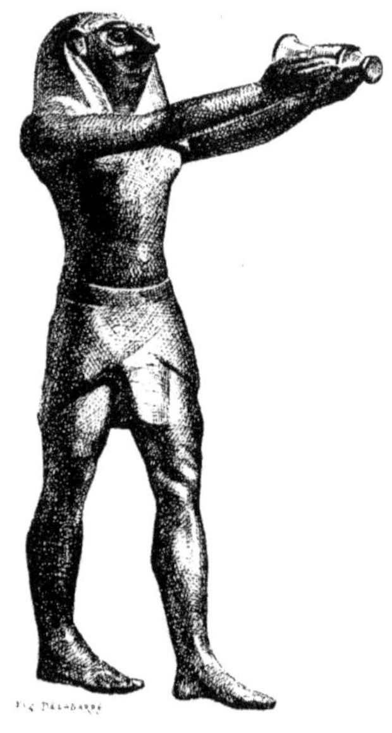

N° 441.

444 — Sokhit debout. La déesse léontocéphale porte le disque orné de l'uræus.

Derrière elle, se tient un oiseau monstrueux, à tête de chacal, coiffé de l'atef, qui étend ses ailes de chaque côté de la déesse qu'il protége.

Deux des faces du socle portent une inscription hiéro-glyphique très mutilée. Les bras de la déesse sont brisés.

Bronze. Socle de velours. — H 0,09.

N° 443.

445 — Musaraigne debout, en adoration, coiffée du disque solaire,
orné de l'uræus.

> Bronze. Socle de jaune de Sienne. — H 0,20.

446 — Singe debout. Les extrémités des membres antérieurs ont
disparu.

> Bronze. Socle de jaune de Sienne. — H 0,13.

447 — Épervier coiffé du pschent, la poitrine ornée d'un collier gravé
en creux.

Devant lui, un petit personnage accroupi dans la posture
favorite des Orientaux ⌐, les genoux ramenés sous le menton, la face tournée vers l'oiseau sacré.

De chaque côté du groupe, en dehors du socle, un lion en
marche. Les pattes de ces deux animaux manquent.

> Bronze. Socle de jaune de Sienne. — H 0,12.

448 — Bel épervier coiffé du pschent. Tous les détails de cette statuette sont finement niellés d'or.

> Bronze et or. — H 0,13.

449 — Manuscrit hiéroglyphique et hiératique.

La partie centrale est occupée par la scène d'adoration
suivante : Le dieu Râ-Hor-Khouti mummiforme assis, coiffé
du disque, tenant de ses deux mains les emblèmes d'Osiris,
le pedum et le flagellum, croisés sur sa poitrine, reçoit l'acte
d'adoration que lui fait un personnage vêtu du pagne court
nommé shenti, debout devant une table chargée d'offrandes
diverses.

Cette scène est accompagnée de légendes se rapportant au
dieu et à l'adorant :

Au-dessus de cette vignette on lit un texte hiératique de
trois lignes qui se retrouve au bas du manuscrit. C'est une

formule de proscynème adressée à différents dieux : Râ-Hor-Khouti, Atoumou, seigneur d'Héliopolis; à Osiris, seigneur de l'éternité, dans le but d'obtenir d'eux les provisions funéraires utiles dans l'autre monde. Ce texte contient également une courte liste des membres de la famille du personnage sus-mentionné.

La paléographie de ce manuscrit le fait remonter à une époque postérieure à la xxe dynastie.

Papyrus. — H 0,24.

450 — Papyrus hiéroglyphique. Fragment d'un Livre de ce qu'il y a dans l'hémisphère inférieur.

A gauche, la déesse à face noire étend ses deux bras. Un scarabée va vers sa tête, une momie est couchée sur son bras gauche.

Une double rangée de personnages va vers cette scène. Les premiers remorquent la barque d'Afou, les seconds portent des rames ou des serpents. Derrière ce groupe, l'épervier est posé dans le repli du serpent à deux têtes et à deux jambes. Cet épervier est coiffé des deux couronnes de l'Égypte.

Long. 0,35.

451 — Masque d'un cercueil de momie.

Bois. — H 0,25.

452 — Statuette d'un personnage agenouillé, les mains posées à plat sur les genoux.

Il est vêtu de la shenti et coiffé de la perruque arrondie. Époque saïte. Belle pièce.

Bois. — H 0,16.

453 — Lion accroupi rugissant.

La tête de l'animal est remarquable par son caractère.

Bois. — H 0,07; Long. 0,115.

454 — Ibis couché. On a deux fois répété le cartouche Ra-
men-Kheper sur l'avant du socle de cette statuette.

Un petit texte, peu lisible, court autour de la base.

Le bec est brisé. — Bois peint. — H 0,11.

455 — Tête d'un personnage à la tête entièrement rasée. Cet homme
paraît d'un âge avancé.

Époque saïte. Belle pièce, largement traitée.

Basalte. — H 0,015.

456 — Fragment d'un instrument astronomique.

La partie supérieure et horizontale porte la mention
des douze mois égyptiens : Choiak, Athyr, Tybi, Phaophi,
Mechir, Tôth, Phamenoth, Mesoré, Pharmouthi, Epiphi,
Pachon, Payni, écrits en abrégé.

Le plan oblique est divisé longitudinalement en sept parties,
correspondant aux sept jours de la semaine, chacune percée
de six petits trous.

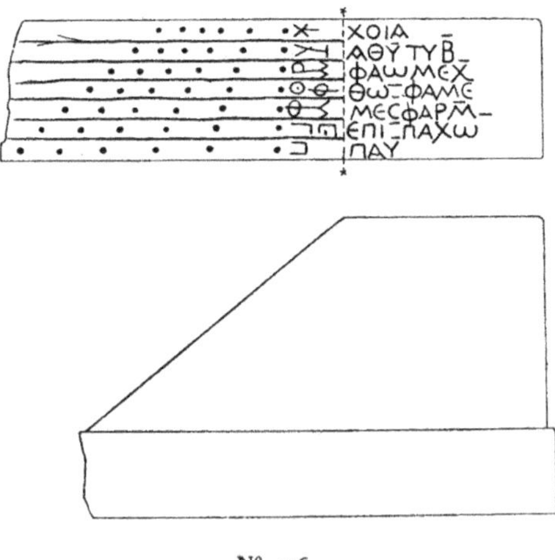

N° 456.

Je ne puis m'expliquer la position particulière de ces points, non plus que les chiffres placés à l'extrémité de chaque ligne, et que l'usage de cet instrument singulier.

Voir la vignette, p. 147.

Basalte. — H 0,04; Long. 0,065.

457 — Moule ayant servi à estamper deux figures dionysiaques.

Basalte. — H 0,06.

458 — Sphinx accroupi. Travail délicat.

Calcaire jaunâtre et dur. — H 0,065.

459 — Bélier marchant. Le disque solaire étend ses ailes sur le dos de l'animal de Khnoumou.

Terre émaillée. — H 0,04.

460 — Long réseau de perles bleues et vertes.

Terre émaillée. — Long. 0,70.

461 — Tête d'Hathor vue de face. Les yeux et les sourcils sont rapportés après coup.

Pièce d'applique.

Pâte de verre bleu. — H 0,095.

462 — Harpocrate assis, coiffé du diadème hotsou. Le petit dieu porte son doigt à la bouche.

Argent. — H 0,04.

463 — Horus piquier. Le dieu hiéracocéphale est coiffé du claft surmonté du pschent.

Le bras droit et le bas des jambes sont brisés. — Bronze. — H 0,42.

464 — Coffret à statuettes funéraires surmonté d'un bel oiseau *akem*
à face et à insignes ⚍ dorés.

Osiris est peint sur la face antérieure du coffret. Le 𓊽 surmonté du ⚭ se voit sur la face opposée.

Amsit, Hapi, Tioumaoutf et Kabhsonouf, les génies funéraires sont à droite et à gauche.

Bois peint. — H 0,95.

465 — Cône funéraire portant l'inscription : «Oblation propitiatoire à
Osiris, seigneur des siècles, prince d'éternité, faite par le chef
des . . . Djaif, véridique».

Terre cuite. — H 0,12.

466 — Cône funéraire portant l'inscription :
«L'enfant du sanctuaire de Mouthou dans le grand temple».

Terre cuite. — H 0,19.

467 — Moule ayant servi à estamper des oudjas quadruples. Sur les
bords, se voient les encoches de repère.

Terre cuite. — Diam. 0,045.

468 — Un roi, agenouillé, tend les deux mains en avant, les paumes
opposées l'une à l'autre.

Il est coiffé du claft orné de l'uræus, et vêtu de la shenti.
Le modelé de cette statuette est d'une grande beauté.
Planche XXXVII.

Bronze. Socle de marbre rouge. — H 0,145.

469 — Moule ayant servi à fabriquer des yeux oudja. Sur les bords
de ce moule sont pratiquées deux rigoles.

Terre rouge. — Larg. 0,065.

MONUMENTS GRÉCO-ÉGYPTIENS.

BRONZE.

470 — Grande figurine d'une déesse panthée. La tête, un peu tournée
de côté, a le type d'une Aphrodite grecque de la belle époque;
ondulés sur le front, les cheveux sont couverts de la dépouille du vautour de Maout, et derrière la tête de l'oiseau
se dresse une couronne d'uræus, surmontée de la coiffure
isiaque. Le costume se compose d'un chiton très fin, à
manches courtes, et qui laisse les épaules à découvert; puis
le bas du corps est enveloppé d'un manteau qui descend
jusqu'à terre. Les pieds sont chaussés de sandales, la jambe
droite se retire en arrière.

Les bras, qui avaient été fondus à part, sont perdus; mais
on voit à la disposition de la draperie que la main droite de
la déesse tenait un pan du manteau.

Époque des premiers Ptolémées.

Patine vert et noir. Socle en brèche rouge. — H 0,23.

471 — Isis grecque. La déesse est en marche, vêtue d'une longue
tunique plissée et recouverte d'un manteau dont les extrémités se réunissent entre les seins au moyen d'un nœud sym-
bolique. Isis est coiffée d'un claft recouvert du vautour et
surmonté de la couronne d'uræus.

Les bras sont brisés. — H 0,32.

472 — Isis grecque, debout et la jambe gauche en avant. Elle est vêtue
d'une tunique longue et d'un manteau, coiffée du claft, de la

dépouille de vautour, d'un boisseau entouré d'uræus et du diadème de plumes ; à la main gauche abaissée elle tient une situle, son bras droit manque.

Joli bronze alexandrin.

Patine verte. — H 0,20.

473 — Grande figure d'Harpocrate-Panthée, nu et accoudé sur un tronc d'arbre, l'index de la main droite rapproché de la bouche. Le dieu a les formes enfantines d'un Amour grec ; ses cheveux sont noués en krobyle au-dessus du front, et derrière ce krobyle se dresse un petit pschent égyptien, maintenu par un large bandeau qui entoure la tête. Un serpent s'enroule autour du tronc d'arbre, et derrière la figurine, sur le sol tapissé d'herbes, perche une chouette. Il semble que la main gauche du dieu ait tenu un attribut, probablement le caducée de Mercure. La tête se tourne un peu de côté, les yeux sont évidés, la jambe droite supporte le poids du corps.

Ce bronze se distingue autant par ses proportions peu communes que par son style. M. Piot y trouvait «un modelé plein de souplesse et de fraîcheur». Il est de l'époque ptolémaïque et doit venir d'Alexandrie. Ancienne collection Duval, à Genève (vente de 1856). — Publié par M. Chabouillet, *Description du cabinet Louis Fould* (Paris, 1861), N° 1216, avec une très belle gravure de Varin. — Fröhner, *Catalogue Piot,* N° 46.

Parties modernes : la jambe droite à partir du genou, le tronc d'arbre, la chouette et le sol. — Socle en granit rose avec une moulure en bronze ciselé et doré. — H 0,54.

474 — Bastit gréco-égyptienne. La déesse léontocéphale est coiffée du claft et vêtue de la grande tunique plissée, recouverte d'un manteau qui s'attache entre les seins par un nœud spécial.

Bastit est couronnée du disque ; elle porte le sistre à la main droite et un petit vase dans la main gauche.

Socle de marbre rouge. — H 0,95.

475 — Horus enfant, assis à terre. Nu, la tête rase, la tresse à la tempe droite, il pose l'index de la main droite sur la bouche et tient à la main gauche un vase.

Fonte pleine, patine verte. — H 0,057.

476 — Horus enfant, debout, vêtu d'un chiton talaire, une massue au bras gauche. Il a la tête rase, surmontée d'un petit boisseau; la tresse royale descend derrière l'oreille droite; la main droite se rapproche de la bouche.

Patine vert pâle. — H 0,127.

477 — Bras gauche d'une figurine d'Isis. Il est nu, et la main ouverte tenait le gouvernail. Le modelé est d'une beauté extrêmement remarquable.

Patine vert pâle. — Long. 0,122.

478 — Canope, représenté par un vase surmonté d'une tête humaine. Cette tête est barbue, coiffée du claft, des cornes horizontales, du disque et de deux plumes recourbées à leur partie supérieure. Des bas-reliefs sont sur la panse du vase et montrent : Un collier, un pectoral protégé par deux éperviers, un disque accolé de deux uræus, le scarabée ailé, deux cynocéphales. Quatre figures divines se trouvent sur les côtés, deux à droite, deux à gauche. On y reconnaît Harpocrate.

Enfin un épervier couronné du disque étend ses ailes au dos du vase.

Voir la vignette, p. 154.

H 0,12.

479 — Canope. — Le dieu, dont le corps a la forme d'un vase, est coiffé des deux cornes horizontales, du disque et des deux plumes recourbées par en haut.

Socle de velours rouge. — H 0,045.

20*

480 — Eon. Manche de couteau terminé à sa partie inférieure par
une fleur qui s'épanouit latéralement pour former la garde,
et à sa partie supérieure par un torse d'Eon.

Ce dieu, à face monstrueuse, semblable à celle d'un lion,
serre un objet bifide entre ses dents. Il tient une clef et une
coudée; quatre ailes s'attachent à son dos.

Le serpent cosmique qui s'enroule autour de la base, se
dresse derrière l'Eon et vient poser sa tête surmontée d'une
crête sur celle de la divinité.

Trouvé à Narbonne. — Vente Pourtalès, N° 641.

Socle en jaune de Sienne. — H 0,115.

N° 478.

481 — Tête de crocodile, la gueule ouverte. — Couronnement de
sceptre.

Fonte pleine. — L 0,115.

482 — Hercule enfant. — Cette figurine, de grand style, représente l'enfant Hercule étreignant les serpents. Nu, les cheveux bouclés et ceints d'un strophium, le visage souriant, la bouche ouverte, il avance les bras, et ses deux mains étouffent les reptiles avec une aisance charmante. C'est un bronze de premier ordre; jamais ce sujet n'a été traité d'une façon aussi magistrale.

Les yeux et les lèvres sont incrustés d'argent. Les jambes, serrées l'une contre l'autre, se replient en arrière et s'arrêtent aux genoux; il est probable que la figurine a servi de décor de siège.

Planche XXXVIII.

Patine verte. Socle en brèche rouge. — H 0,122.

483 — Éros enfant, jouant à la balle. La tête penchée en arrière, les ailes déployées, le bras droit levé, il semble attendre que la balle retombe pour la saisir. Sa main droite est ouverte, l'autre fermée, et sa jambe droite se retire derrière l'autre.

On dirait une figurine de Tanagra en bronze, et les trois numéros suivants, trouvés avec celui-ci, produisent le même effet. — Beau style.

Planche XXXVIII.

Patine verte. Socle en jaune de Sienne. — H 0,10.

484 — Éros enfant courant vers la gauche, la tête penchée et les bras tendus en avant, comme s'il tenait une guirlande. La jambe droite supporte le poids du corps, l'autre se lève et se retire en arrière. — Beau style.

Planche XXXVIII.

Patine verte. Socle en jaune de Sienne. — H 0,085.

485 — Éros enfant, plus petit que les précédents. De face et déployant ses ailes, il gambade comme font les enfants. Ses bras sont tendus vers le spectateur, et ses mains sont ouvertes. — Beau style.

Planche XXXVIII.

Patine verte. Socle en jaune de Sienne. — H 0,068.

486 — Enfant nu, portant un chevreau sur ses épaules.

Figurine de beau style, une petite merveille de l'art antique. *Planche* XXXVIII.

Patine verte. Socle en jaune de Sienne. — H 0,065.

487 — L'enfant Iphiclès assis (sur un lit), la tête tournée à gauche et le bras droit levé.

Cette figurine, de très petites dimensions, a dû faire partie d'un groupe qui représentait Hercule enfant étouffant les serpents. — Beau style.

Patine vert et brun. Socle en chalcédoine. — H 0,038.

488 — Aigle éployé, portant sur son aile droite une figurine de femme drapée, assise et posant sa main gauche sur le col de l'aigle. La figurine qui était placée sur l'aile gauche est perdue. Ce sujet rappelle en première ligne les apothéoses des impératrices romaines; mais il n'est ni certain ni probable qu'il avait ici cette même signification. En effet, il s'agit d'un ouvrage grec de l'époque de Ptolémée II ou III, très original dans sa conception, et admirable de style et de facture. L'aigle est bien l'aigle ptolémaïque connu par les médailles.

Ses ailes, à large envergure, portent sans effort ce frêle et gracieux corps de femme, vêtu d'un chiton diaphane et assis avec une aisance que seuls les sculpteurs grecs savaient donner à leurs figurines.

Trouvé à Alexandrie. *Planche* XXXIX.

H 0,19; Larg. 0,37.

489 — Grand vase portatif, façonné en buste d'Antinous. Le favori d'Hadrien est représenté en Bacchus jeune, la nébride sur l'épaule gauche et sur la poitrine. La ressemblance avec son portrait, connu par les médailles, est parfaite.

Le couvercle manque, mais il en reste la charnière et l'une des anses latérales, appuyée sur une feuille d'acanthe.

Patine vert foncé. — H 0,21.

490 — Petit taureau allant vers la gauche, la tête tournée de face et un peu penchée.
Joli travail.

Fonte pleine. — H 0,043; L 0,065.

———

TERRE CUITE.

I. TERRES CUITES ÉGYPTIENNES.

491 — Petit buste d'Horus enfant, vêtu d'un chiton sans manches, la tête rase, la tresse derrière l'oreille droite. Il tient de ses deux mains un vase à panse sphérique.

Terre cuite d'art égyptien, délicatement modelée et peinte en rouge, en jaune et en rose tendre.

H 0,063.

492 — Amset, génie funéraire. Tête de canope. Le claft est rayé de noir.

Terre pâle. — H (avec le cylindre qui entrait dans le canope) 0,10.

493 — Amset, génie funéraire. Tête de canope en terre à couverte rouge.

H 0,10.

II. TERRES CUITES GRECQUES DE BEAU STYLE.

Les figurines suivantes, extrêmement rares, ont un air de parenté très caractéristique avec les terres cuites de Smyrne et de Tanagra. Ce sont les mêmes sujets et les mêmes modèles, mais traités par des artistes égyptiens. Quelques exemplaires sont même très supérieurs, comme art, aux terres cuites de la Grèce propre. Nous les attribuons, sans hésitation, aux sculpteurs alexandrins du règne de Ptolémée II. Elles ont été trouvées dans la banlieue d'Alexandrie.

494 — Jeune fille nue et accroupie à gauche, la tête tournée vers le
spectateur. Le motif est extrêmement gracieux et le modelé
très fin; les cheveux sont indiqués à coups d'ébauchoir.
Planche XL.

Les bras et la jambe gauche manquent. — Coloration rouge. —
H 0,093.

495 — Amour enfant, nu et debout, la tête souriante, inclinée sur
l'épaule gauche et un peu penchée en avant. Tresse de
cheveux allant de l'occiput au milieu du front.
Planche XL.

Les bras, les ailes, les jambes et la cuisse droite manquent. —
Coloration rouge et engobe. — Trou de suspension. — H 0,11.

496 — Jeune fille nue, placée de face, mais courant vers la droite, la
tête tournée en arrière, les bras abaissés et écartés du corps.
Elle porte des boucles d'oreilles; ses cheveux sont frisés en
bandeaux parallèles.
Planche XL.

Peinture rouge et engobe. — Trou de suspension. — H 0,152.

497 — Vénus nue, ôtant la sandale de son pied gauche, qui se relève
jusqu'à la hauteur du genou droit. Un morceau du lacet est
resté adhérent à la poitrine.
Planche XL.

La tête, les bras et une partie du pied gauche manquent. — Peinture rose tendre. — Trou de suspension percé dans le flanc
gauche. — H 0,13.

498 — Amour sphériste. C'est un Amour enfant nu, debout sur la
jambe gauche, la jambe droite retirée en arrière. La position
de ses épaules semble indiquer qu'il jouait à la balle. Sur le
dos, un A graffité.
Planche XL.

La tête, le bras gauche, l'avant-bras droit, la jambe droite jusqu'au genou, les pieds et les ailes manquent. — Peinture rose
tendre. — Trou de suspension. — H 0,11.

499 — Enfant encapuchonné dans un manteau qui couvre la poitrine
et le dos. Debout, le visage souriant, la jambe gauche retirée
en arrière, il lève le bras droit qui doit avoir porté un attribut; son bras gauche se replie et sa main gauche est ouverte.
Planche XLI.

Engobe et traces de couleur rose. — Au revers, trou de suspension.
— H 0,136.

500 — Tête de jeune fille, un peu penchée à droite, les cheveux frisés
en bandeaux parallèles. — Très beau style.
Planche XLII.

H 0,06.

501 — Tête de jeune fille, parée de boucles d'oreilles. Même genre
de coiffure et même style.
Planche XLII.

H 0,05.

502 — Tête de jeune fille, les cheveux relevés sur le front et parés
d'une bandelette. — Même style.
Planche XLII.

H 0,047.

503 — Grande figurine de jeune fille dans le style des terres cuites de
Tanagra. Debout et fléchissant la jambe droite, elle est vêtue
d'un chiton de couleur bleu tendre, et d'un manteau rose qui
s'arrête aux genoux. Son bras gauche s'appuie sur la hanche,
en même temps que l'autre se replie sur la poitrine et relève
le pan du manteau qu'une ceinture attache à la taille. Les
mains se dissimulent sous le manteau; les cheveux, coloriés

en rouge brique, sont divisés par sept raies; une natte entoure le derrière de la tête.
Planche XLIII.

Terre pâle, très épaisse. — H 0,34.

504 — Femme drapée, debout et comme arrêtée dans sa marche, la tête ceinte d'un strophium et parée de boucles d'oreilles. Elle a pour vêtement un chiton à plis droits et un grand manteau blanc, doublé de bleu, superbement ajusté et descendant jusqu'aux pieds. Le bras droit s'abaisse, l'autre se replie et porte les pans du manteau qui s'entreouvrent du côté gauche.
Planche XLIII.

Ton de chair; terre rouge, épaisse. — H 0,26.

505 — Jeune fille debout, vêtue d'un chiton bleu et d'un manteau de même couleur, qui enveloppe étroitement le buste et s'arrête au dessus des genoux. La tête se tourne légèrement de côté, le bras gauche s'abaisse, tandis que l'autre se replie sur le sein et que la main gauche rassemble les pans du vêtement. Coiffure usuelle : bandeaux divisés par sept raies, et natte formant couronne.
Planche XLI.

Terre rouge, épaisse. — H 0,232.

506 — Même sujet. Tête de face, parée de boucles d'oreilles; corps profilé à droite. La main droite se dégage de la draperie et se pose sur le sein gauche, le bras gauche s'abaisse. Traces de peinture rose.
Planche XLI.

Terre rouge, enduite d'une couche de terre pâle. — H 0,17.

507 — Jeune fille assise sur un rocher, la tête et le buste de face, les jambes à gauche. Vêtue d'un chiton et d'un manteau bleus, elle s'accoude sur le siège; son bras droit repose sur les

jambes. Boucles d'oreilles, cheveux noués en krobyle sur le sommet de la tête.

Terre rouge. — H 0,19.

508 — Jeune fille drapée, debout et arrêtée dans sa marche. Son vêtement se compose d'un chiton et d'un manteau qui retombe jusqu'aux genoux et sous lequel se dissimulent les bras, la main gauche seule restant visible. N'était la différence de la terre, on dirait une statuette de Tanagra. La coiffure et la coloration de la figurine rappellent aussi les terres cuites béotiennes.

Parois épaisses, et pas de trou d'évent. — H 0,176.

509 — Jeune fille à la promenade. Elle est coiffée d'une espèce de béret plat et drapée dans un manteau qui enveloppe étroitement le haut du corps. L'avant-bras gauche, replié, porte un des pans du manteau, et la main droite repose sur la main gauche. — Beau style.

Terre pâle, engobée. — H 0,21.

510 — Jeune fille drapée dans un chiton jaune et un manteau bleu. Son bras droit, caché sous le vêtement, s'appuie sur la hanche; sa main gauche seule sort de dessous le manteau. Coiffure usuelle, terminée par un double krobyle. — Coloration très fraîche.

Terre rouge, très épaisse. — H 0,22.

511 — Charmante figurine d'une jeune fille, vêtue d'un chiton et d'un manteau bleus, coiffée de lierre en fleur et d'un épais strophium. Debout et de face, elle appuie son bras droit sur la hanche et, de sa main gauche abaissée, saisit le manteau. Ses boucles d'oreilles sont dorées, les feuilles de lierre peintes en bleu, les corymbes en rouge.

Planche XLIII.

Terre rouge brique, épaisse. — H 0,27.

512 — Fillette drapée dans un manteau bleu et coiffée d'une épaisse
couronne de fleurs rouges. Ses cheveux sont peints en jaune;
sa main droite, ramenée sur la poitrine, serre la draperie.
Planche XLI.

> Terre pâle; ton de chair, les yeux et les sourcils noirs. — H 0,195.

513 — Figurine à mi-corps, représentant une jeune fille debout, les
bras pendant le long du corps. Elle est coiffée de feuilles et
de fruits dorés et a pour parure un collier d'or et une armille.
Son chiton, peint en bleu, est échancré sur la poitrine et serré
au dessous des seins. Cheveux frisés en bandeaux parallèles
et tressés en couronne autour de l'occiput. — Coloration de
toute fraîcheur.
Planche XLIV.

> Terre rouge, parois épaisses. Ton de chair. — H 0,15.

514 — Jeune fille debout, comme arrêtée dans sa marche. Elle est
coiffée d'un bonnet bleu dans le genre du fez, vêtue d'un
chiton bleu et d'un long manteau rose tendre à doublure
bleue. La draperie, ajustée avec beaucoup d'art, enveloppe
le corps étroitement et couvre les deux bras. Le bras gauche
est posé sur la hanche, l'autre se replie sur la poitrine, où la
main saisit et rassemble les deux pans du manteau. La jambe
gauche supporte le poids du corps.
Planche XLV.

> Terre rouge pâle. Ton de chair, etc. — H 0,225.

515 — Grande figurine de femme drapée, le sein droit et les bras nus,
la tête coiffée d'une couronne de fleurs rouges sous laquelle
sont piquées des feuilles de lierre et quelques baies dorées.
La draperie se compose d'un chiton talaire et d'un manteau
qui s'arrête aux genoux. La main droite, ramenée sur la
poitrine, et la gauche abaissée tiennent les pans du manteau.
Planche XLV.

> Terre pâle, parois épaisses. Coloration bleue, rose tendre, etc. —
> H 0,29.

516 — Jeune fille debout, portant le même genre de coiffure (couronne
de fleurs bleues, feuilles de lierre et baies piquées dans les
cheveux). Elle a pour vêtement un chiton sans manches,
échancré sur la poitrine, et un manteau bleu, qui ne couvre
que le flanc gauche et passe par derrière pour s'enrouler
autour de l'avant-bras droit. La main gauche s'appuie sur
la hanche, l'autre s'abaisse et retient la draperie.
Planche XLV.

Terre rouge et épaisse. Engobe, ton de chair, etc. — H 0,255.

517 — Fillette assise, de face, sur un siège sans dossier, et déployant
sur ses genoux un rouleau de papyrus. Elle a pour vêtement
un chiton blanc, à manches courtes, et un petit manteau jeté
sur l'épaule gauche. Ses cheveux forment un krobyle très
élevé et retombent en boucles derrière les joues.
Planche XLIV.

Terre rouge épaisse, peinture rouge, noire et blanche. — H 0,164.

518 — Enfant debout et de face, donnant à manger à une oie qu'il
porte à la main gauche. Il est vêtu d'une chlamyde qui laisse
à découvert tout le devant du corps. Sa tête s'incline un peu
sur l'épaule droite.
Planche XLIV.

Terre pâle engobée, parois épaisses. — H 0,167.

519 — Jeune fille drapée et voilée, assise de face sur un rocher en dé-
tournant la tête. Sa main gauche, cachée sous la draperie,
repose sur le siège ; son bras droit se replie sur la poitrine.
Planche XLIV.

Terre pâle engobée, parois épaisses. — H 0,154.

520 — Petit garçon debout à gauche, le pied droit posé sur une petite
élévation du terrain. Le manteau bleu qu'il porte ne couvre
que l'épaule gauche et le bras, posé sur la hanche, et descend

jusqu'à terre. Le bras droit de l'enfant se lève et la main droite semble tenir une balle. Une bandoulière est peinte en rouge sur la poitrine. — Coloration très fraîche.

Ton de chair, cheveux rouge brique, lèvres vermeilles, etc. Terre brune et épaisse. — H 0,15.

521 — Enfant assis de face sur un cube et donnant à manger à une oie qui est assise à sa gauche. Sa tête, rase et d'un très joli modelé, se penche légèrement; son chiton court est peint en bleu et en rouge. — Coloration presque intacte.
Planche XLIV.

Terre brune épaisse. Ton de chair, etc. — H 0,142.

522 — Petit garçon à la promenade. Il est vêtu d'un chiton court, peint en bleu, et d'un manteau qu'il retient des deux mains. Sa tête, aux cheveux bouclés, se penche légèrement, sa jambe gauche est portée en avant.
Planche XLIV.

Terre rouge épaisse. Ton de chair, etc. — H 0,167.

523 — Tête de femme, de beau style, les cheveux relevés sur le front, ceints d'une bandelette, noués en krobyle, au sommet, et en chignon au dessus de la nuque.
Planche XLII.

Terre rouge engobée. — H 0,12.

524 — Petit garçon, assis sur une pierre carrée. Il est vêtu d'un chiton bleu qui laisse à découvert les jambes et les bras. Sa tête, aux cheveux bouclés, se tourne un peu vers la droite du spectateur, ses mains retiennent une oie, assise près de lui.

Terre brune, coloration usuelle. — H 0,17.

525 — Buste de femme nue, les cheveux peints en rouge et noués en
krobyle. Ton de chair et quelques touches de bleu, très bien
conservés.

Voir la vignette.

N° 525.

Terre pâle. — H 0,062.

526 — Joueuse d'osselets, accroupie à gauche, la tête penchée. Elle
est vêtue d'un chiton bleu tendre et ses cheveux sont noués
en krobyle.

Voir la vignette, p. 169.

Le bras gauche et la main droite manquent. — Terre pâle,
épaisse. — H 0,11.

527 — Égyptien debout et de face, la tête rase, le devant du corps nu,
les jambes assemblées. La tête est supérieurement modelée,

la poitrine ornée d'un collier jaune et d'une amulette en-
fermée dans un sachet jaune. Sa main gauche saisit les or-
ganes sexuels, son bras droit se dissimule sous le manteau.
Près des pieds, de chaque côté, une fleur bleue.

Base moulurée, portant au revers le nom d'artiste :
ΙϹΙΔωΡΟΥ, en graffite.

Terre brun pâle. — H 0,19.

N° 526.

528 — Très jolie figurine d'une femme encapuchonnée dans son manteau, le bras gauche sur la hanche.

Terre pâle. — H 0,10.

529 — Amour enfant diadémé, les ailes relevées, les mains tenant les
deux bouts de la draperie, qui laisse à découvert le devant
du corps.
Planche XLI.

Ton de chair, cheveux rouge brique. Terre rouge. — H 0,175.

530 — Déesse assise sur un siège à dossier, voilée, diadémée et tenant
de ses deux mains une patère. Les pieds sortent de dessous
le chiton, dont les bords inférieurs sont ondulés. Imitation
de l'ancien style.

Terre pâle. — H 0,133.

531 — Isis gréco-égyptienne, drapée et portant sur sa tête la coiffure
isiaque. Son bras gauche s'appuie sur la hanche, l'autre se
replie sur le sein.
Planche XLI.

Terre pâle. — H 0,145.

532 — Grand masque imberbe (d'Hercule jeune), les cheveux bouclés,
le front ridé, les sourcils fortement accusés, les lèvres entre-
ouvertes. Il est tout colorié en vermeil, sauf les prunelles
qui sont en bleu pâle.
Planche XLVI.

Terre rouge épaisse. — H 0,17.

533 — Masque de Satyre jeune, de très beau style.
Planche XLVI.

Terre rouge brique, épaisse. — H 0,11.

534 — Masque de nègre.

Terre rouge pâle. — H 0,07.

535 — Grand masque scénique de Silène, les yeux et la bouche évidés.

> Terre rouge. — H 0,13.

536 — Même sujet, d'un modelé admirable.
Planche XLVI.

> Terre rouge brun. — H 0,10.

537 — Masque comique, coiffé de lierre en fleur (jaune), les cheveux et la barbe peints en brun, les yeux saillants, le nez camus, la bouche ouverte et laissant voir les deux rangées de dents.
Planche XLVI.

> Ton de chair, touches de bleu et de blanc. — H 0,09.

538 — Masque tragique de Méduse ailée.

> Terre pâle. — H 0,06.

539 — Amour embrassant Psyché; devant eux, une ciste à couvercle bombé. — Lampe en forme de groupe.
Voir la vignette, p. 172.

> Terre rouge. — H 0,11.

540 — Lampe carrée à quatre becs. Bas-relief : Isis assise de face sur un trône et allaitant le petit Horus. De chaque côté, une palme et une colonnette.

Parois latérales taillées en biseau. Dessous, le nom du fabricant, ΚΕΡΔΩΝ, et une palme, en graffite.
Planche XLVI.

> Couverte brune. — H 0,081 ; L 0,075.

541 — Petite situle formée de deux masques : l'un d'un Satyre, l'autre d'une Bacchante couronnés de lierre.
Planche XLVI.

> Terre rouge. — H 0,075.

542 — Autre exemplaire, un peu plus grand.

Terre pâle. — H 0,09.

543 — Petite pyxis carrée, ornée, sur ses quatre faces, de bas-
reliefs qui représentent Bacchus enfant entouré d'Amours
et d'oiseaux.

Planche XLVI.

Terre rouge. — H 0,048; L 0,065.

N° 539.

III. TERRES CUITES DE L'ÉPOQUE ROMAINE.

544 — Grande statuette de Vénus orientale, nue et debout dans toute la raideur du style hiératique, les bras pendants et collés aux flancs. Ce qui la rend intéressante, c'est sa coiffure, de proportions énormes, et dont les lemnisques retombent jusqu' aux poignets. Au dessus du front s'élève une perruque, aux cheveux bouclés et ceints d'une ténie, puis quatre cercles viennent s'étager l'un sur l'autre, de sorte que l'ensemble de la coiffure a l'air d'un disque.

Planche XLII.

Terre brune engobée. — H 0,45.

545 — Buste de Jupiter Sérapis, la barbe et les cheveux bouclés. La tête est surmontée du polos orné de branches d'olivier, tandis que la poitrine est recouverte d'une tunique et d'un himation.

Terre pâle. — H 0,092.

546 — L'enfant Horus, symbolisant le soleil levant, est assis sur une base élevée, ornée de dessins linéaires au trait. Vêtu d'un long chiton, il a la tête rase, une tresse de cheveux à la tempe droite. Sa main droite se rapproche de la bouche, geste que les Romains ont pris pour le geste du silence; son bras gauche tient une urne. Un graffite copte, tracé au revers de la figurine, donne probablement le nom de l'artiste.

Publié au *Catalogue H. Hoffmann* (Paris, 1886), p. 35.

Terre brune. — H 0,13.

547 — Enfant (Horus) assis à terre, à droite, et ôtant le couvercle d'un grand vase à vin, placé devant lui. Il a pour coiffure une couronne de fleurs et de fruits, et pour vêtement un chiton qui laisse à découvert les bras, la poitrine et les jambes. Visage souriant, tourné vers le spectateur.

Planche XLII.

Terre brune engobée. — H 0,155.

548 — Bes debout, armé d'une rondache et brandissant une épée. Le dieu, à face grotesque et à oreilles de chat, est entièrement nu; sa tête est surmontée de trois plumes droites.

Terre rouge. Traces de couleur rouge et bleue. — H 0,12.

549 — Canope coiffé du claft et du disque entre les cornes. La panse du vase est ornée d'un bas-relief qui représente deux adorants, et entre eux, un naos avec deux figurines. Au sommet du naos, on distingue un masque hathorique entre deux éperviers, et à sa base, le disque entre les cornes. La partie inférieure du vase est godronnée.

Voir la vignette, p. 175.

Traces de peinture. — H 0,19.

550 — Truie de sacrifice, parée d'un bandeau dorsal.

Terre brune engobée. — H 0,092; L 0,108.

551 — Tête de Bacchante, parée d'un bandeau frontal et de lierre en fleur. — Lampe à deux becs.

Terre brune engobée. — H 0,13.

552 — L'âne maître d'école. Un instituteur à tête d'âne est assis sur un siège à dossier élevé (la *cathedra*), les pieds posés sur un tabouret, un fléau à la main droite. Sa tête se tourne vers l'école, où six petits cynocéphales, habillés en hommes, sont assis sur deux rangs, chacun avec un diptyque ouvert sur les genoux. A la droite du maître, on voit deux petits singes debout, et à sa gauche un cynocéphale adulte, tous munis de leurs diptyques et semblant lire à haute voix.

Le dossier de la chaire est orné de moulures et couronné d'une pomme de pin.

Élien (*De natura animalium*, VI, 10) parle de la docilité des cynocéphales. Sous le règne des Ptolémées, on en montrait qui avaient appris l'alphabet, la musique et la danse.

N° 549.

Cette terre cuite, trouvée à Rome, est sûrement de fabrique alexandrine. Elle a été expliquée par M. Fröhner en 1882 (*Catalogue Gobineau*, p. 32), et plus tard, indépendamment de lui, dans les *Mittheilungen des archäologischen Institutes in Rom*, 1890, p. 3. — *Catalogue Gréau*, Terres cuites, N° 1215 (pl. LXII). Ceux qui voudraient la considérer comme une caricature de la religion chrétienne primitive, trouveront d'utiles renseignements dans Renan, *l'Antechrist*, p. 40.

Planche XLII.

Terre rouge. Dans la base, deux trous; au revers, deux oreillettes. — H 0,13.

553 — Amphore de forme lenticulaire. De chaque côté, un médaillon cerné d'une légende grecque en relief : 1. Saint Ménas, debout et de face, les bras levés comme font les orants; à sa droite, un autel couronné d'une palmette et décoré d'une amphore; à sa gauche, un baptistère de forme sphérique, godronné et surmonté d'une croix. Légende : (palme) ЄΥΛΟ✝ΓΙΑ ΤΟΥ ΑΓ (ιου) ΜΗΝΑ ΑΜΗ (ν). 2. Sainte Thècle entre deux lions. Légende : (palme) ЄΥΛΟΓΙΑ ΤΟΥ ΑΓΙΟΥ ΜΗΝΑ ΑΜΗ (ν) et autour de la sainte : Η ΑΓΙΑ ΘЄΚ avec un signe d'abréviation.

C'est la plus grande eulogie connue.

Planche XLVII.

Terre rouge. — H 0,27.

554 — Petite eulogie sans légendes. Sur chaque face, Saint Ménas entre les deux chameaux agenouillés, et dans le champ, deux croisettes.

Terre pâle. — H 0,10.

PLÂTRE.

555 — Tête de jeune femme. Cette tête, qui a fait l'ornement d'un sarcophage de l'époque gréco-égyptienne, est d'une grande beauté. Les yeux sont avivés de noir; les cheveux, peints en noir et rejetés en arrière, s'enroulent en tresses sur le sommet du crâne. Une courte mèche pend devant les oreilles, qui sont parées d'anneaux portant quatre pierres.

Un voile bleu couvre l'occiput; le cou est pris dans un collier à trois ornements.

Planche XLVII *bis*.

H 0,30.

VERRERIE.

556 — Flacon égyptien en pâtes polychromes. La panse forme un cylindre qui s'amincit vers le haut, puis s'élargit de nouveau en fleur de lotus. Fond bleu pâle, incrusté de fils alternativement jaunes et blancs et figurant de petites guirlandes. Le décor externe du goulot est en relief, et les pétales découpés du lotus sont bordés de rouge opaque.
Planche XLVIII.

H 0,085.

557 — Balsamaire en verre bleu lapis lazuli, incrusté de rubans en pâte vert pâle et de fils jaunes. La panse est légèrement côtelée, le décor figure des chevrons, un cordonnet jaune s'enroule autour du col, et un liséré de même couleur entoure le rebord du goulot.
Planche XLVIII.

Deux petites anses. — H 0,09.

558 — Petit flacon moulé en forme de coquille de Saint Jacques. Pâte jaune mouchetée de blanc. Cette forme est très rare.
Planche XLVIII.

H 0,07.

559 — Flacon piriforme, d'ancien style. Pâte bleu cobalt, incrustée de fils en jaune opaque qui figurent huit plumes juxtaposées.
Planche XLVIII.

H 0,08.

560 — Balsamaire côtelé et allongé, de forme très élégante et d'exé-
cution très fine. Fond bleu lapis, chevrons jaunes alternant
avec des chevrons blancs. Deux petites oreillettes.
Planche XLVIII.

H 0,11.

561 — Balsamaire à panse lisse et allongée, d'une rare fraîcheur de
coloris. Pâte bleu cobalt, incrustée de chevrons blanc et bleu
tendre. Liséré bleu tendre autour du rebord du goulot; deux
oreillettes.
Planche XLVIII.

H 0,136.

562 — Balsamaire à base pointue. Fond bleu, incrusté de plumes
blanches. Fil blanc autour du col, du rebord de l'orifice et
autour de la base.
Planche XLVIII.

Deux petits appendices simulent les anses. — H 0,13.

563 — Flacon d'ancien style, en pâte bleue, incrustée de plumes en
verre blanc opaque et en jaune opaque. Base plate. Liséré
jaune autour du rebord du goulot.
Planche XLVIII.

H 0,114.

564 — Balsamaire cylindrique en pâte lie de vin, incrustée d'un ruban
blanc à plissures très fines. Nous ne connaissons pas d'autre
exemple de ce décor original.

H 0,104.